그리스도교 감성학

해석학적 영성과 신학적 미학

그리스도교 감성학
해석학적 영성과 신학적 미학

초판 1쇄 2017년 6월 30일

지은이 김대식 ● 펴낸이 김기창
기획 임종수 ● 디자인 銀
인쇄 및 제본 천광인쇄사

펴낸곳 도서출판 문사철
주소 서울 종로구 명륜동 2가 4번지 아남A 상가동 2층 2호
전화 02 741 7719 ● 팩스 0303 0300 7719
홈페이지 www.lihiphi.com ● 전자우편 lihiphi@lihiphi.com
출판등록 제300-2008-40호

ISBN 979 11 86853 28 3 (93230)

※ 값은 뒤표지에 있습니다.

그리스도교 감성학

해석학적 영성과 신학적 미학

김대식 지음

차례

■ 말마루　7

제1부　가톨릭 영성과 웨슬리안 생태영성의 만남

1. 현대 환경문제와 웨슬리안의 정체성　15
2. 그리스도인의 영성과 웨슬리안 영성의 재고　20
3. 웨슬리안의 아스케제　26
4. 환경위기시대의 웨슬리안의 생태학적 해석학　32
5. 지상명령, 흙을 발라 눈을 떠라!　38
6. 아담아! 네가 돌아갈 곳은 흙이려니　44
7. 우리 안에 거룩한 물이 있다!　50
8. 물에서 우주적 거룩함을 배우다!　56
9. 우리의 몸은 바람의 숨결에 춤춘다!　62
10. 공기와 몸신학　68
11. 불의 수사학과 잊혀가는 재림 담론의 실천　74
12. 다시 오심의 영성, 다시 거룩함을 통한 희망으로!　80

제2부　웨슬리안 전통의 영성과 신학적 미학

1. 웨슬리안 전통과 미학적 인식의 가능성　89
2. 웨슬리안의 전통과 신학적 예술의 재현　95
3. 웨슬리안의 전통과 가스통 바슐라르의 미학　101
4. 웨슬리안의 전통과 종교현상학적 미학　107
5. 웨슬리안의 전통과 키에르케고르의 미학　112
6. 웨슬리안 전통과 아리스토텔레스의 미학적 카타르시스　118
7. 웨슬리안 전통과 칸트의 숭고미　124
8. 웨슬리안 전통과 니체의 디오니소스 미학　130

9. 웨슬리안 전통과 발터 벤야민의 아우라 미학   136
10. 웨슬리안의 전통과 쇼펜하우어의 해방의 미학   141
11. 아서 단토의 '예술 종말 이후'와 웨슬리안 전통의 미래   146
12. 바흐찐의 대화미학과 웨슬리안 전통의 아방가르드   151

제3부   웨슬리안 전통의 신학과 영성적 삶

1. 니고데모의 웃음과 거듭남의 경이   159
2. 아! 나의 생명은 그분의 생명이어라   165
3. 내가 곧 생명의 빵이다!   171
4. 내 안에 있는 하느님의 사랑   176
5. 여러분이 있는 곳에 사랑이 있게 하십시오!   182
6. 거룩함, '놔둠'의 영성   188
7. 치유, 하느님 풀물들이기   194
8. 치유, 죽음에서 빛을 보다!   200
9. 치유의 영성, 발은 땅을 닮았다!   206
10. 재림, 오심을 '앞당겨' 사는 신비   213
11. 다시 오심, 아직 되어가고 있음과 활동하는 영성   220
12. 논피니토 다시 오심, 논피니토 희망   227

- 논찬 1 ·· 박태식 신부   237
- 논찬 2 ·· 이신건 교수   241

- 찾아보기   245

말마루

내 언어능력의 한계가 곧 내 세계의 한계이다.

(비트겐슈타인L. Wittgenstein, 1889 – 1951)

칼 야스퍼스K. Jaspers(1883 – 1965)가 "책 제목은 욕망적이면서 겸허해야 한다"고 했듯이, 이 책이 두 가지를 다 충족시켰는지 모르겠다. 다만 그의 말을 빌려 표현한다면, 글쓰기를 통해서 "정직"하려고 했고, 진리에 대한 "근원에의 사랑"을 담아내는 데에 "성실"하려고 노력했을 뿐이다. 글을 써본 사람들은 잘 알다시피 본론이나 결론을 쓰는 것보다 서론 말 – 만들기가 더 어렵다. 그것은 본론의 얼개를 잘 풀어서 독자가 일목요연하게 알아보도록, 즉 단박에 전체를 조망하도록 말마디를 잘 이어줘야 하기 때문이다. 마치 우리나라 전통 집안 구조에서 마루가 이 방 저 방을 잘 연결해주는 것처럼 말이다. '마루malo'는 우리말의 '처음', '첫째', '고비' 등을 뜻하며, 알타이어계 언어에서는 종교적으로 '가장 높은 곳', '성스러운 곳'을 상징하는 말이기도 하다. 그래서일까? 말마루는 늘 부담되는 말의 처음이기 때문에 말의 신비를 퇴색시킬까 노심초사하면서 한 토막 한 토막을 놓게 된다.

필자는 지난 몇 해에 걸쳐 웨슬리안 전통의 신학에 대해서 다양한 학문적 접근, 즉 가톨릭과 개신교의 대화, 철학과 신학의 대화, 미학과 신학의 대화를 통해서 새로운 해석을 시도한 글들을 여기에 모았다. 그렇다면, '사이[間]신학神學'이라고 해야 할까? 아니면 '대화신학對話神學'이라 해야 할까? 별로 중요하지 않을 수 있는 규정어이지만, 필자에게는 고민이었던 작업들이기에 다시 한 번 그 의미를 생각하게 된다. 이러한 방법론의 결과물이 자칫 학문적 방계로 치부되고 말 수도 있겠지만, 필자는 웨슬리안의 교리라는 한 교단의 신학이 그 한계를 넘어(거듭남의 신비[重生], 거룩함의 신비[聖潔], 치유의 신비[神癒], 다시 오심의 신비[再臨]는 그리스도인 대부분의 신앙적 관심이리라.) 보편적 신학, 보편적 신앙의 삶, 보편적 대화매체로서 기능하기를 바랐다. 그래서 웨슬리안의 교리에 대한 본질을 추구하는 고고학적 탐구를 통해서 과거의 전승이 늘 현재화 되도록 새로운 언어놀이를 시도한 것이다.

말[道]. 송천성宋泉盛은 요한복음 1장 14절의 말씀을 분석하면서, 말씀과 육체를 연결시킨 것은 '되었다egeneto'라는 움직씨라고 주장한다. 이 '되었다'는 하느님의 행동과 태도를 나타내는 암호이다. 말이 앞서는 것이 아니라 신의 주체적 활동, 행위가 먼저라는 얘기다. 다만 말은 '길'을 내주는 역할을 한다. 대상을 그것으로 가리켜 따라가게 하고 상상하면서 더 풍요로운 진리의 길을 내도록 말이다. 그러므로 말의 쓰임새에만 집착한다면 '말-씀'의 형이상학적 본질을 놓치고 만다. 이러한 관점에서 필자는 가톨릭이니 개신교니, 철학이니 신학이니 하는 것들은 한갓 이름-붙임이라고 생각한다. 일정한 대상에 이름을 붙여 말로써 서로 구분하고 그 고유한 경계를 긋고자 하는 것인데, 어디 인간의 마음이 그렇게 나누어지던가. 하나의 마음에서 일어나는 잡다한 생각들이 말로서 말해지니 마음조차 여러 마음이 있는 것처럼 느껴질 뿐이다. 그러니 말이 아니라 마음이 우선이요, 말로 읽더라도 마음으로 헤아린다면 그 말 또한 깊은 마음밭[心地]에서 나온 타자의 한 마음이고 서로 같은 마음이라고 생각해야 할 것이다.

혹자는 필자를 경계인이니 주변인이니 하면서 새롱거린다. 말은 안 해도 그리 인식하는 신앙인도 더러 있다. 왜 하나의 색깔이 아니냐는 것이다. 신앙 혹은 신학의 색깔을 운운하는 것이다. 이미 과학은 우리가 보는 빛은 입자요 파동으로서 하나의 색으로만 구성되어 있지 않다고 말함으로서, 소박한 인간 인식의 한계를 드러내듯이 억견에 사로잡힌 신앙인식 또한 판단중지epoche하고 편견 없는 바라봄을 추구해야 한다고 본다.

이러한 맥락에서 필자는 경계 혹은 주변이라는 말을 '지평Horizont'이라는 말로 바꾸고 싶다. 지평이라는 말의 'Horizont'는 경계나 구분을 뜻하는 그리스어 'horizein'에서 왔다. 지평이라는 말에는 경계와 한계를 무한히 넘어서려는 의지를 내포한다고 볼 때, 경계나 구분은 그 자체로서 존재하지 않는다. 경계는 우리의 의식이 만들어낸 언저리일 뿐이다. 그 언저리를 무한히 넓혀가는 것이 필자의 학문적 책임성이나 운명이라 생각했다. 그래서 필자는 비본래적 경계를 넓혀 고유의 삶과 사유의 지평을 무한히 확장해보고자 하는 것이다.

더 나아가서 이 책의 제목이 암시하듯이 요즘 회자되는 '영성靈性'에 대한 실천적 담론과 개신교의 콤플렉스를 극복하려면 그 자양분을 가톨릭 영성에서 길어 올려야 한다고 본다. 아니 종교개혁(엄밀한 의미에서 교회내부의 '쇄신') 이전에 함께 공유했던 교회 전통에서 영성의 해답을 가져와야 한다. 또한 필자는 웨슬리안의 정신, 웨슬리안의 영성이 특정한 종단의 울타리를 넘어 타학문과 또는 이웃 종단과 소통할 가능성을 모색하였다. 어쩌면 영국성공회와 웨슬리안 전통(성공회 복음주의, Anglican-Evangelicals)을 계승한다고 볼 수 있는 이른바 웨슬리안 교리에 나타난 영성을 가지고 보편적 정신 혹은 보편적 영성이 될 길을 찾아보고자 했던 것이다. 모름지기 웨슬리안의 교리는 닫힌 진리체계가 아니라 우리 앞에 무한히 열린 신학적 규준規準이다. 진리는 숨겨진 채로 있는 것이 아니라 드러내어야 한다(aletheia). 따라서 웨슬리안의 교리나 신학이 지금 여기에 사는 사람들에게 생동감 있고 의미 있는 삶의 진리로 다가오게 하려면 박제화된 텍스트를 재해석해내는 이른바 '해석학적 작업'이 필요하다는 점을 강조하고 싶다. 그런 측면에서 이 책은 웨슬리안의 신학과 교리, 더 나아가서 성공회의 복음주의적 전통을 생태신학과 영성신학적 시각에서 풀어보는 모험(?)이라고 볼 수 있다.

필자가 글을 쓰면서 계속 견지해왔던 것은 웨슬리안의 신학과 교리의 재해석은 반드시 필요하며, 앞으로도 신학뿐만 아니라 철학, 종교학, 사회학, 자연과학, 미학, 교육학 등의 다양한 시각을 통해 해석하고 대화해야 한다는 것이었다. 그것이야말로 웨슬리안을 신학적 측면에서는 깊이를 더하고, 신앙적 측면에서는 신자들의 신앙생활을 더욱 풍요롭게 하는 좋은 방법이라 믿기 때문이다. 그런 의미에서 웨슬리안의 신학과 교리를 닫힌 진리체계가 아니라 우리 앞에 무한히 열린 교회의 신학적 규준으로서 신자들의 영성을 돈독히 할 진리의 모체라 여긴다면 우리 모두가 꾸준히 관심을 가져야 할 사목적 · 신학적 사안이 아닐 수 없다.

사람들이 필자를 보고 무양무양하다는 말에 애성이가 나기도 한다. 그렇다고, 천산지산하고 싶은 생각은 없다. 홍준수 목사님께서는 이런 필자로 하여금 성결교단 신앙잡지인 「활천」에 지난 3년 동안 연재하도록 각별한 관심을 가져주셔서 여러 주제로 실험적 글쓰기를 이어왔다. 현대인의 변화하는 성향에 따라 모든 일상이 가벼운 담론에 밀려 삶마저 그 무게를 잃어버릴 수 있다는 노파심에 글을 쓰는 내내 진지함을 잃지 않으려고 애를 썼다. 그래서 필자는 이러한 글쓰기를 통해 신앙을 감성적 지평, 영성적 지평, 이성적 지평으로 틀 잡아 삶의 지평으로 넓혀서 근본적으로 교회의 영성을 반성하며 더욱 올바르게 해명하려고 노력하였다.

글을 쓰는 과정에서 격려와 위로로 힘을 북돋아주셨던 분들이 있다. 늘 애틋한 마음으로 제자를 염려해주시는 전헌호 신부님, 이 모양 저 모양으로 필자를 도와주시는 전 강남대학교 이찬수 교수님, 가톨릭대학교 문화영성대학원에서 강의를 하도록 마음써주신 박요한 영식 총장신부님, 필자의 글에 대해 흔쾌히 논찬을 해주신 박태식 신부님과 이신건 교수님, 늘 기도 중에 필자를 기억해주시는 이찬옥 권사님께 감사드린다. 그리고 미련을 떨쳐 버리지 못하고 고집스럽게 학문의 그림자를 좇는 남편을 그저 말없이 내조하는 아내와 사랑하는 아들 지원이에게 고맙고 미안한 마음을 어떻게 다 전하랴.

편집하고 교정하는 일이란 늘 번거로운 일이다. 그럼에도, 버스러진 여러 꼭지를 한 권의 책으로 만들어 주신 문사철 사장님을 비롯한 여러분에게 사의를 표한다. 끝으로 언어를 통한 신학-함과 신앙-함에 대해 진지하게 성찰하도록 해주는 이해인 수녀님의 "말을 위한 기도" 중 일부를 여기에 소개한다.

주여/ 내가 지닌 언어의 나무에도/ 멀고 가까운 이웃들이 주고 간/ 크고 작은 말의 열매들이/ 주렁주렁 달려있습니다/ 둥근 것, 모난 것,/ 밝은 것, 어두운 것,/ 향기로운 것, 반짝이는 것/ 그 주인의 얼굴은 잊었어도/ 말은 죽지 않고 살아서/ 나와 함께 머뭅니다.

헤프지 않으면서 풍부하고/ 경박하지 않으면서 유쾌하고/ 과장하지 않으면서 품위 있는/ 한마디의 말을 위해/ 때로는 진통 겪는 어둠의 순간을/ 이겨내게 하소서

내가 이웃에게 말을 할 때/ 하찮은 농담이라도/ 함부로 지껄이지 않게 도와주시어/ 좀 더 인내롭고/ 좀 더 분별 있는/ 사랑의 말을 하게 하소서/ 나날이 새로운 마음, 깨어있는 마음/ 그리고 감사한 마음으로/ 내 언어의 집을 짓게 하시어/ 해처럼 환한 빛나는 삶을/ 노래처럼 즐거운 삶을/ 당신의 은총 속에 이어가게 하소서 아멘

제1부

가톨릭 영성과 웨슬리안 생태영성의 만남

1
현대 환경문제와 웨슬리안의 정체성

21세기를 살고 있는 한국의 개신교가 이 땅에 뿌리를 내린 지 어언 100년을 넘어서고 있다. 그간 한국의 개신교는 세계에서 유래를 찾아보기 어려울 정도로 괄목할만한 성장을 이루었다. 그러나 새로운 도약을 준비하는 이 시점에서 한국교회의 정체성 문제를 다시 한 번 거론하지 않을 수 없을 것 같다. 무엇보다도 개신교 혹은 교회의 신앙적 정체성을 표현하는 말법에는 '거듭남의 신비', '거룩함의 신비', '치유의 신비', '다시 오심의 신비' 등이 있다. 특히 이러한 말법은 웨슬리안의 신학과 교리에서 주로 찾을 수가 있을 것 같다.

그런데 교리敎理, dogma라는 것이 단지 교리로만 전락하면, 자칫 억견臆見, doxa(독단)이 되는 수가 있다. 따라서 웨슬리안의 교리가 현대사회에서 신자들의 신앙 지표指標와 삶의 지표가 되려면 일정한 해석이 뒤따라야만 한다. 이른바 '해석학적 이해'를 통해 해석학적 지평 혹은 삶의 지평이 확장되도록 말이다. 그런 의미에서 웨슬리안의 교리는 신자들의 신앙 방편 혹은 삶의 놀이의 방편이다. 놀이는 다양하다. 그런데 그 놀이의 공통 요소에는 '규칙rule'이 있다. 규칙이 없는 놀이는 놀이집단의 구성원이 함께 참여하며 어울릴 수가 없다. 규칙이 있어야만 놀이는 가능하다. 이것을 달리 말하면 웨슬리안의 교리는 그리스도인의 거룩한 놀이의 방편이자 규칙이라고 말할 수 있을 것이다. 또한 놀이는 존재being와 행위doing를 함께 드러내고, 놀이의 성격에 따라 그 놀이집단이 어떤 집단인지 알게 된다. 또한 존재는 행위를 통해서 드러난다. 행위가 존재를 규정한다는 말이다. 무슨 말인가? 웨슬리안의 정체성은 바로 웨슬리안의 교리를 통해서 드러나야 한다는 말이다. 거듭남, 거룩함, 치유, 다시 오심이라는 것이 교회의 기틀이 되어 그것이 삶으로 표현되어야만 자신의 정체성이 고스란히 나타날 수 있다. 이름이 그 사람을 규정하듯 말이다.

교회의 신앙놀이라는 것도 웨슬리안의 교리를 통한 놀이다. 거듭남, 거룩함, 치유, 다시 오심이라는 '거룩한 놀이'는 '유기적 관계 organic relationship'에 있다. 서로 다른 별개의 신학적 논리나 이론이 아니라 우리의 삶에 함께 녹아 스며들어 체득되어야만 하는 신앙적 행위다. 예수 그리스도를 통해 새로운 영이 된 신자가[거듭남] 거룩한 삶을 지향하고[거룩함], 삶에서 하느님의 영을 통해 영육의 돌봄과 치유를 맛보며[치유], 미래에 있을 그리스도의 파루시아parousia를 대망하는 신자[다시 오심]는 웨슬리안의 교리를 호흡하듯 혹은 이것과 저것이 연이어 있듯 그렇게 살아가야만 한다. 마치 우리가 돌, 구름, 땅, 물, 나무 등과 불가분의 관계에 있는 것처럼 말이다. 그런데 현재 웨슬리안의 교리에 대한 신앙적 이해와 삶의 태도가 과연 여기에 초점을 맞추느냐는 것이다. 한국교회가 100주년을 넘어 200주년을 향한 새로운 도약을 준비하려면 웨슬리안의 교리에 대한 새로운 이해가 필수적이라고 생각한다. 이해뿐만 아니라 어떻게 하면 웨슬리안의 교리를 신자의 삶으로 녹아들게 할까 하는 고민을 해야 한다. 다시 말하면, 그리스도인의 영성적 토대는 웨슬리안의 신학을 기초로 삼아야만 한다는 것이다.

웨슬리안의 교리는 그리스도인의 모든 신앙적 경험의 심층을 들여다보는 잣대로서 기능해야만 한다. 웨슬리안의 신학과 신앙이 더욱 엄밀한 이론과 행위theoria & praxis가 되려면 웨슬리안 교리의 시각, 웨슬리안 교리의 눈이 절실하다. 이것은 우리 삶의 당면과제인 환경, 통일, 평화, 정의, 인권, 생명 등의 문제를 우리의 시각으로 바라보게 해주는 안목을 말한다. 그간 웨슬리안의 교리는 전도표제인지, 교회의 구호인지, 신학인지, 윤리인지 분명하지 않았다. 어떤 행사나 특별 집회에서는 전도 표제나 구호였다가도 학문적 태도에서는 한 교단의 독특한 신학이나 도덕적 신앙으로 치부되기도 하였다. 그러나 이제 웨슬리안의 교리는 우리의 신앙 형태로서, 사회 안팎에서 세상을 바라보는 렌즈로서 그리스도인의 삶에 아주 가깝게 자리매김 해야 한다. 그런 의미에서 한국교회의 웨슬리안의 교리는 닫힌 진리 체계가 아니라 미래를 향해 열린 진리 체계이다. 지속적으로 반성하고 끊임없이 재해석하여 우리의 삶을 풍요롭게 하며, 삶을 변혁하는 신앙적 기틀로 오롯이 서가는 '생성적 진리'(혹은 轉化的 眞理, becoming truth) 체계이다.

지금 전 지구적 차원에서 일어나는 환경문제는 우리 미래의 생존을 위협한다. 학자들과 환경 전문가들은 개인의 의식이 변화되지 않으면 우리의 미래가 불투명하다고 이구동성異口同聲으로 말한다. 그만큼 환경문제로 말미암아 우리의 생명이 경각에 달린 것처럼 급박하게 경고하는 것이다. 이제야 비로소 사람들은 생명의 소중함을 깨닫고, 그 가치를 논한다. 이때 웨슬리안의 교리가 '퇴경頹景의 신학'

이 아니라 '여명黎明의 신학' 혹은 '단명旦明의 신학'이 되려면 환경과 생명에 영성적 의미와 생태적 해석을 부여해야 한다.

필자는 앞에서, 웨슬리안의 교리는 '유기적 체계'라고 하였다. 부언하자면 웨슬리안의 교리는 사람과 사람, 사람과 자연, 사람과 하느님과의 '관계적 진리'를 가능케 해주는 신학적 바탕이라는 말이다. 따라서 과거 웨슬리안의 교리가 사람과 사람, 사람과 하느님과의 관계를 깨닫게 해주는 내면적 치유와 변화에 초점을 맞추었다면, 이제 한 걸음 더 나아가서 사람과 자연의 관계를 올바르게 묶어주는 역할을 해야 한다. 그런 의미에서 웨슬리안의 교리는 그리스도인에게 펼쳐진 '거룩한 놀이'이며 수수께끼이다. 웨슬리안의 교리는 예수에게서 태어나[거듭남], 예수와 함께 살며[거룩함], 예수의 힘을 맛보다가[치유], 예수에게로 돌아감[다시 오심]을 말해준다. 또 웨슬리안의 교리는 자연에서 눈뜨고[거듭남], 자연과 더불어 살며[거룩함], 자연의 신비에 놀다가[치유], 자연에게로 돌아감[다시 오심]을 암시한다. 그렇다고 해서 웨슬리안의 교리가 삶(혹은 환경)을 논하는 절대적 잣대는 아니다. 다만 삶의 현실 속에서 절대로 흔들림이 없이 살아가는 신앙인의 경지를 배우게 하는 지침이라는 것이다. 이는 웨슬리안의 교리를 통해 한갓 지적 유희나 즐기겠다는 것이 아니라 그리스도인이 생활세계를 올바르게 바라보며 자기 연민뿐만 아니라 '세상에 대한 연민'(자연에 대한 연민, Mitleid: compassion, 함께 고통을 당함)을 느끼는 언어요, 이야기[담론]로 삼겠다는 것이다.

학문과 집단의 정체성을 물을 때는 항상 시대적 요청을 살필 수밖에 없다. 정체성의 확인이란 시대적 문제와 불가분의 관계에 있기 때문이다. 그러면 현시대가 요구하는 그리스도인의 정체성은 무엇이며 그 범주는 어디까지인가? 과거 교회는 웨슬리안 교리의 기치를 개인의 신앙적 차원 혹은 신앙 윤리적 차원으로만 한정한 듯한 면이 없지 않았다. 그러나 이제 웨슬리안의 교리는 개인적 차원뿐만 아니라 사회적 차원, 더 나아가서 '지구적 차원'에서 논해져야만 하고, 그 실천의 영역을 확장시켜야만 한다.

인도에서는 '만트람mantram'이라는 것이 있다. '성스런 이름'이라는 뜻이다. 만트람은 우리 마음을 절제하게 하고 아름답게 하며, 거룩하게 하고 세상을 새롭게 보는 역할을 한다. 예컨대 인도에서의 만트람은 '라마'이다. '기쁨'이나 '기뻐한다'는 뜻인데 '라마, 라마, 라마'하고 외치는 것은 마음에 있는 기쁨의 원천을 부르는 것이다. 필자는 웨슬리안 교리의 거듭남, 거룩함, 치유, 다시 오심을 한국교회의 '만트람'이라고 생각한다. "자연과 더불어 다시 태어나는 삶을!", "자연과 더불어 거룩한 삶을!" "자연과 더불어 치유와 돌봄의 삶을!" "자연과 더불어 다시 오심을 대망하는 삶을!"

2
그리스도인의 영성과 웨슬리안 영성의 재고

한때 마르틴 하이데거M. Heidegger(1889-1976)의 제자이자 연인이었다가 나중에 칼 야스퍼스K. Jaspers(1883-1969)에게서 박사 학위를 받은 정치철학자 한나 아렌트H. Arendt(1906-1975)는 마르틴 루터M. Luther(1483-1546)의 종교개혁(종교쇄신 혹은 교회쇄신)에 대하여 의미심장한 말을 남겼다. "루터는 궁극적으로 새로운 교회의 설립자가 되었기 때문에, 실제로 역사의 위대한 건설자 가운데 하나가 될 수 있었다. 그러나 그는 결코 새로운 정치질서를 건설하거나 그러한 것을 의도하지 않았다. 오히려 그는 어떻게든 세속적 질서의 고찰과 고민에서 진정한 그리스도교적 삶을 좀 더 근본적으로 해방시키고자 했다."

한나 아렌트의 종교개혁에 대한 평가는 실로 우리에게 시사하는 바가 크다고 할 수 있다. 개신교는 종교쇄신이라는 명분으로 갈라진 이후 줄곧 가톨릭과의 관계를 단절한 채 회복하지 못하고 있다. 여전히 우리의 편견이 마음의 눈을 가리기 때문이다. 그러다 보니 현시점에서 교회의 영성과 전통을 논할 때에는 그 출발점을 어디에 두어야 하는지도 묘연해지고 만다. 그러나 우리의 영성적 전통을 찾을 때에 반드시 거론해야 할 인물이 영국성공회의 복음주의Anglican-Evangelicals 비조였던 존 웨슬리John Wesley(1703 - 1791) 신부라는 사실을 감안할 때, 우리의 영성의 맥이 가톨릭과 연속선상에 놓여 있음을 알게 된다.

우리가 잘 아는 대로 웨슬리는 영국성공회의 사제였다. 그런 그가 감리교회를 태동시켰고, 그 이후 성결교단의 신학적 배경의 기틀이 되는 복음전도자가 되었던 것은, 거룩함의 영성을 일깨워주었던 테일러 주교의 『거룩한 삶과 죽음의 규칙과 수련』, 내적 거룩함의 영성을 알게 해준 토마스 아 켐피스 『준주성범』(혹은 『그리스도를 본받아』), 마음의 영성과 금욕적 수도 영성을 깨우치게 한 이집트 사막교부인 마카리우스(200 - 390년경)가 있었다. 이러한 영성가들이 웨슬리의 신앙과 신학에 크게 영향을 끼쳤다는 것은 부인할 수 없을 것이다.

영성靈性, spiritualitas이란 인간이 가르쳐 주는 지혜로 살아가지 않고 성령께서 가르쳐 주는 말씀으로 살아가는 삶이며, 하느님과 이웃을 사랑하는 생활의 차원을 말한다. 또한 영성은 하느님을 향한 우리의 삶이 더욱 완전해지도록 영혼을 해방시키고 내면을 수련하는 모든 것으로서, 신앙 안에서 하느님을 충만하게 살게 하는 것이다. 과거 그리스도교가 창시된 이후 그리스도교 영성은 시대와 방법에 따라 성 베네딕도의 영성, 예수의 성녀 데레사의 영성, 십자가의 성 요한의 영성, 아씨시의 성 프란치스코의 영성, 성 이냐시오 로욜라의 영성, 오순절 영성 등 다양하게 나타났다.

이러한 영성은 하나 같이 하느님과의 일치, 그리고 그리스도를 닮는imitatio Christi(J. Aumann, O.P.은 "그리스도는 진정한 영성의 구현"이라고 말한다) 삶을 강조하였다. 동시에 이러한 영성생활의 구체적 삶이 포기, 침묵, 가난, 겸손, 내적 생활[기도 생활] 등으로 표현되었다. 가톨릭의 영성은 비교적 엄격하면서도 정적인(특히 가르멜 수도회, 시토회 등) 영성을 강조하는 반면, 개신교의 영성은 역동적이며 은사 체험적 성령운동을 강조한다. 그러나 모름지기 영성이란 어느 한 가지 방법만이 누구에게나 최선이 될 수 없다. 획일화된 영성보다는 오히려 오순절 영성, 베네딕도 영성, 프란치스코 영성, 십자가의 성 요한의 영성, 가르멜 수도회 영성, 트라피스트 수도회 영성 등 다양한 영성을 하느님께서 우리에게 주신 선물로 받아들여야 한다.

여기에서 우리의 일반적 영성생활을 잠깐 지적하면, 우선 개신교는 말로 표현하는 신앙언어에는 익숙하다. 오랜 기간 우리는 QT(Quiet Time)라는 방법을 통해 신앙생활을 풍요롭게 해왔다. 그러나 '경건의 시간'으로 번역된 용어는 사실 '침묵의 시간'으로 번역하는 것이 본래의 뜻을 더 잘 드러낼 수가 있다. 왜냐하면, 침묵의 시간은 우리로 하여금 성서를 읽고 그것의 주관적 진리를 곧바로 삶에 적용하려고 욕심내지 않기 때문이다. 침묵의 시간 혹은 침묵의 영성은 유한자인 인간이 하느님께 말하는 것을 멈추고, 무한 절대자인 하느님의 소리 혹은 하느님의 말씀하심에 귀 기울이는 시간이다. 그런 의미에서 "기도는 초자연적 질서 안에 있고, 말은 자연적 질서에 있다"(saint philippe de Neri, 1515 - 1595)는 말은 아로새길 필요가 있다.

그런데 이러한 방법은 이미 교회의 전통(혹은 가톨릭의 전통) 안에 있었다. 이른바 '렉시오 디비나Lectio Divina'(거룩한 독서)라는 것인데, 이 '거룩한 독서'는 하느님과의 일치를 목표로 하면서 하느님을 깊게 알아 가는 영성생활의 일환이다. 렉시오 디비나는 고대 그리스도교의 수도승들이 주로 사용하던 전통으로, 하느님의 말씀을 읽을 때 그분께서 우리에게 건네시는 목소리[말씀]를 듣는 것이다. 이렇게 함으로 하느님께서 우리의 마음과 생각 그리고 삶에 말씀하시도록 우리 자신을 활짝 열어 드리게 된다. 따라서 듣는 기도의 훈련이 본래적 의미의 경건의 시간 혹은 침묵의 시간이라 말할 수가 있다. 하느님의 음성을 듣지 못하는 자가 말할 수 없고, 대화할 수 없으며 행위할 수 없기 때문이다.

원시 그리스도교 공동체부터 내내 추구되어 온 영성의 본질은 "그리스도인이 그리스도 안에" 있는 것을 말한다. 그러므로 우리 영성의 뿌리를 그리스도라고 말하는 것은 정당하다. 신비적 완전의 영성은 그리스도처럼 하느님을 본받는 무한한 사랑을 품는 사랑으로 특징 지워진다. 그러므로 우리도 신비이신 하느님을 인격적, 내적으로 체험함으로 하느님과 일치(합일)되어 살아가야 한다. 이것은 자신의 욕심과 자아를 철저히 비우고 정화시키고 순수해져야 하느님과 완전히 일치할 수 있다. 자신을 비우지 않고 어떻게 하느님으로 채울 수 있으며, 온전히 거룩해질 수 있겠는가. 따라서 거듭남은 자신을 비워 하느님을 채우는 시작이요, 거룩함은 자신을 끊임없이 비워 가는 과정이다. 그래서 그리스도 안에 사는 것, 아니 그리스도가 내 안에 있게 하는 것이다. 또한 그리스도와의 일치를 통해 마음이 순결해지고 완전한 사랑으로 가득 차게 하는 것이다.

웨슬리의 성결론에서 중요한 것은 바로 그리스도의 소유가 되는 것, 하느님의 사랑으로 충만해지는 것, 그리스도께서 내 안에 사는 것이다. 다시 말해서, 물량주의 사회, 무한경쟁 사회, 이기적 욕망 사회, 소비사회, 파괴적 사회라고 일컬어지는 오늘날, 거듭남과 거룩함은 자신의 욕망을 없애고 자신의 자아를 비워 하느님께로 향하게 하는 것[거듭남]이고, 하느님께로 향한 그리스도인이 자신을 온전히 비워 하느님으로 채워가며, 하느님과 일치되며, 하느님의 사랑으로 충만해지는 것[거룩함]이다. 그래서 그리스도가 내 안에 살도록 해서 나를 바로 세우고 이웃을 사랑하며 거룩한 자, 거룩해지는 신자로서의 삶을 살아가는 것이다.

웨슬리안 영성의 정점에는 '거룩함'이 있다. 거룩하게 된다는 것은 성령의 선물로서 그리스도를 통하여 하느님의 본성에 참여하는 것이다. 그리스도인은 신비이신 하느님을 바라보며, 하느님의 거룩함에 다다르려는 목표를 향하여 끊임없이 전진해야 한다(Josef Weismayer). 그러므로 거룩하게 산다는 것, 혹은 하느님 안에 산다는 것은 곧 그리스도께서 사신 것처럼 사는 삶과 더불어 그분을 닮는 윤리적 행동과 실존적 변화[거듭남과 거룩함]를 의미한다.

이제 웨슬리안 영성은 그리스도인으로 하여금 하느님 안에서 성숙한 인간이 되도록 틀을 잡아주면서 하느님께로 향하도록 해주는 역할을 해야 한다. 그래서 웨슬리안의 영성을 포기와 회복의 영성(거듭남), 비움의 영성(거룩함), 치유의 영성(치유), 희망의 영성(다시 오심)으로 발전시켜야 한다. 그런 의미에서 웨슬리안의 영성은 영적 여정Itinerarium spiritualis을 상징한다. 하느님을 향한 여행의 길동무, 길안내자(길라잡이), 여로의 반려자 역할이다. 그로 말미암아 웨슬리안의 교리는 일상에서 그리스도인의 깊은 영성이 되어 하느님의 말씀을 따라서 사는 가운데 얻어지는 신비스러운 체험으로 풍요로워져야 한다.

웨슬리안의 영성은 역동적 하느님의 임재를 체험하며 성령 세례를 추구하는 오순절 영성을 강조해왔다. 그러나 사이몬 찬Simon Chan

이 올바르게 지적한 것처럼, "오순절 – 은사주의적 영성이 오랫동안 생명력을 유지하려면, 더 폭넓은 그리스도교 전통과 합쳐져야 한다. 수덕적 영성과 분리되어 발전한 열정적 영성은 금세 사라져 버리거나 보편적 적응력을 가질 수 없다"는 말에 주의를 기울여야 한다.

더불어 웨슬리안의 영성을 위해 한 가지 덧붙이고 싶은 것은 '생태영성' 혹은 '창조영성Creation Spirituality'에 관심을 기울여야 한다는 점이다. 참된 영성은 하느님과 이웃, 자연과의 올바른 관계를 제시해야 하기 때문이다. 주지하다시피 교회의 이분법적 사유는 자연과 신, 자연과 인간, 인간과 인간의 관계를 구분하여 그 심연이 오늘날 생태학적 위기를 가져왔다. 그러므로 웨슬리안은 앞으로 하느님께서 이 세상을 아름답고 선하게 창조하셨음을 인식(생태신학적 미학)하고, 모든 피조물의 평등성을 모색함과 동시에 성차별과 인종차별, 소수자의 억압 등에 대한 반성이 이루어지는 생태영성적 사유를 전개시켜야 한다.

끼리에 엘레이손!(KYRIE ELEISON!: 주여, 불쌍히 여기소서!)
– 동방수도자의 예수의 기도

3
웨슬리안의 아스케제

필자의 스승이신 전헌호 신부는 "자기 수련Askese이란 인간이 인간이 되기를 결정하는 것이다. 자기 수련이란 인간의 본능을 나쁜 것이라고 규정짓는 것이 아니라 본능의 질서를 바로 잡는 것이다. …… 나의 정신을 산만하게 하는 외부의 강한 유혹에도 일부러 시간을 내어 고요로 돌아가 저 깊은 내면에서 고요히 건네시는 하느님의 음성과 나의 진정한 목소리를 들어보려는 것이 자기 수련이다."라고 말했다.

아스케제askese라는 개념은 운동기술을 숙달하려고 끊임없이 연습하고 훈련한다는 의미를 지닌 'askein(아스케인)'이라는 그리스어에서 유래한다. 여기에서 수덕ascetical이라는 말이 나왔으니, 이는 교회에서의 반복적 습관 형성을 통하여 신자들의 영적 발달을 가져오는 것을 의미한다. 개신교는 전통적으로 '체험적 신앙'을 강조해왔다. 그래서 거듭남의 체험과 거룩한 삶을 신자들의 신앙생활 모토로 여기고, 웨슬리안의 교리를 통해 신자들의 영성 형성과 영적 발달을 모색해왔다. 그렇다면, 당연히 웨슬리안의 교리는 신자들의 신앙생활과 영성, 그리고 삶까지도 깊숙이 파급되어 있다고 생각할 수 있다. 그러나 웨슬리안의 교리가 아스케제, 곧 신자들이 그리스도인이 되어 그리스도처럼 거룩한 자, 그리스도의 삶을 닮아 가는 끊임없는 영적 훈련의 지침이라는 것에 대해서는 의문의 여지가 있다. 웨슬리안의 교리가 그리스도인의 신앙을 반복적으로 훈련시키고 올바른 신앙 습관과 영성을 형성하는 프로그램이 되지 못하기 때문이다. 다만 웨슬리안의 교리를 통한 그리스도인의 신앙 훈련은 성령쇄신 운동 같은 교회의 일 년 행사에서 이루어지는 것이 전부라고 해도 과언은 아닐 것이다. 그 외에 어디에서 그리스도인이 지속적으로 거듭남의 아스케제, 거룩함의 아스케제, 치유의 아스케제, 다시 오심의 아스케제를 듣고 영성을 형성시켜 가는가? 웨슬리안의 교리는 하느님과 인간의 사귐과 만남을 가능하게 하는 사건이다. 웨슬리안의 교리는 아스케제를 통해서 하느님이 우리 가운데 있게 하는 역할을 해야 한다. 그래서 웨슬리안의 교리가 하느님의 임재연습, 즉 하느님의 임재를 체험하는 신앙 훈련의 근간이 되어야 한다. 거듭남, 거룩함, 치유, 다시 오심의 사건을 우리 삶에 실제로 적용하도록 말이다.

성 아우구스티누스 St. Augustinus(354–430)는 "주여, 나 자신을 알도록 그리고 당신을 알도록 도와주소서.noverim me, noverim te."라고 말했다. 웨슬리안의 교리가 한국교회의 신학과 신앙생활의 모토로 자리 잡으려면, 웨슬리안의 교리를 통하여 자신을 성찰하게 하고, 하느님과의 일치를 도우며, 더 나아가서 교단의 자기 인식과 자기 규정의 언어가 가능하도록 해야 한다. 예컨대 베네딕도 수도규칙이 매일 공동의 기도, 노동, 공부의 리듬이 있는 생활 주기를 순환하는 것처럼, 웨슬리안의 교리가 신자의 일상을 사로잡아 신앙의 규칙, 개인의 규칙, 혹은 공동의 규칙이 되어야 한다. 그래서 웨슬리안의 교리를 통해서 그리스도인의 생활 전체를 영성화靈性化, spiritualization

해야 한다. 존 웨슬리John Wesley(1703-1791) 신부도 감리교 신자들을 위해 "연합회 일반 규칙The General Rules of the United Societies"을 만들어, '모든 종류의 악을 피할 것', '모든 사람에게 가능한 모든 종류의 선한 일을 행할 것', '하느님의 규범을 받들 것' 등을 생활화했고, 가톨릭 예수회의 창시자 이냐시오 로욜라Ignatius von Loyola(1491-1556)의 『영신수련Spiritual Exercises』에는 자기 성찰로 시작해서 그리스도의 성육신, 생애, 죽음, 부활과 승천에 이르는 묵상과 관상기도가 일반화되어 있다. 또한 『영신수련』은 하루에 세 번의 자기 점검을, 청교도는 하루가 끝날 때 자기 점검을, 성 프란치스코 살레시오Francis de Sales(1567-1622)는 일 년 마다 자기 점검을 하도록 규정한다. 이러한 영성가들은 하나 같이 그리스도인으로서 일상을 영성화하는 데 게으르지 않다.

이상을 살펴볼 때, 교회는 신자의 일상을 영성화하도록 웨슬리안의 교리를 통한 영성훈련 프로그램을 계획하고, 기존 신자들에게 교리에 담긴 영성을 교육시키는 별개의 훈련교육과정이 체계적으로 마련되어야만 할 것이다. 이제는 수련회다, 수양회다 하는 연중행사가 일정한 영적 지도 지침(서)에 따라, 웨슬리안의 교리를 통한 피정 지도避靜, Retreat 혹은 영성훈련 지도로 전환되어야 할 필요가 있다. 예컨대 이냐시오식 영성수련처럼 4주간의 영성 훈련 프로그램을 진행할 수도 있다. 거듭남, 거룩함, 치유, 다시 오심을 각각 한 주씩 해서 4주간 영성 훈련을 하는 것이다. 때에 따라서는 영성 지도자와 개인, 영성 지도자와 집단, 영성 지도자와 성격에 따른 집단과의 훈련도 좋다. 이냐시오식 영성처럼, 거듭남을 체험하기에 앞서 자기 자신을 성찰하고 죄를 인식하는 훈련 과정으로서 예수의 탄생과 죽음을 깊게 묵상하고 기도하는 1주, 거룩한 삶을 위해서 예수의 삶을 관조하는 2주, 예수의 생애 중 치유 사건을 중심으로 깊게 묵상하고 그 사건을 나의 사건으로 인식하게 하는 3주, 예수의 승천과 다시 오심의 약속을 묵상하고 그 사건이 주는 의미와 삶의 희망을 바라보도록 하는 4주 정도로 웨슬리안의 교리를 일련의 영성 훈련 프로그램으로 만들어 각 교회에 보급하는 데 힘써야 할 것이다. 물론, 위에 제시한 필자의 의견은 하나의 예시에 불과하다. 교회의 미래를 위해서 웨슬리안 교리의 신학화 그리고 웨슬리안의 교리를 통한 그리스도인의 신앙생활화를 모색하는 사목자들과 신학자들이 문제의식을 가지고 적극적으로 웨슬리안 교리의 영성 훈련 프로그램을 만들어 가야할 것이다.

 이러한 웨슬리안 교리의 영성을 통하여, 거듭남은 내가 어떠한 존재인지를 인식하게 해준다. 거룩함은 내가 어떠한 모습이어야 하는가를 일깨워준다. 치유는 나의 마음과 몸은 거룩한가, 온전한가를 알게 한다. 다시 오심은 나는 매일 그리스도의 임재를 체험하며 미래를 희망으로 바라보는가를 일러준다. 그런데 이와 같은 '웨슬리안 교리의 수사학'이 곧 그리스도인을 위한 신앙 실천의 영성, 더 나아가서 생태학적 영성으로 발전한다면, 생태영성을 통하여, 거듭남은 내가 자연의 일부임을 깨닫고 과소비를 근절하는 삶을 사는가를 인식시켜 주는 '소비의 아스케제'로, 거룩함은 내가 하느님의 시간 속에 사는 사람으로서 현재의 욕망을 종식하고 자연과 함께 공존하고자 하는 '성시간聖時間의 아스케제'로, 치유는 내가 이웃과 자연에게 상처를 주지 않았는지를 성찰하게 하는 '사랑의 아스케제'로, 다시 오심은 내가 자연을 통해 미래를 희망으로 바라볼 수 있는가 하는 '희망의 아스케제'로 가는 길이 될 것이다. 그러므로 웨슬리안의 교리는 지금까지 가던 길을 멈추고(ex-odos/ex-hodos) 하느님의 길로 접어서는 여정이다. 그런 의미에서 웨슬리안 교리의 아스케제는 바로 그 길을 떠나는 대장정/행진(ex-odos/ex-hodos)이라 말할 수 있을 것이다.

앞서 이야기한 것처럼, 신앙은 끊임없는 자기 수련askese이 필요하다. 자기의 본능을 제어하고 그리스도를 닮아나가는 삶을 추구하려면 우리 내면에서 들려오는 하느님의 음성을 들어야 한다. 운동선수가 자신에게 주어진 연습을 하루라도 게을리 한다면, 경기장에서는 여지없이 패배를 면치 못할 것이다. 평상시의 땀방울만이 그의 승리를 보장해준다. 마찬가지로 그리스도인에게, 특히 그리스도인에게, 땀방울은 웨슬리안의 교리를 통한 신앙생활의 연마askese여야 한다는 것을 잘 말해준다.

수도적 생활을 일컫는 금욕asceticism이란 말도 아스케제와 같은 어원에서 나온 말로서, 자기의 영적 성장을 방해하는 것과 촉진시키는 것이 무엇인지를 인식하는 것을 말한다. 우리 삶에서 무엇이 신앙을 방해하는지 그리고 발달을 가져오는지 포기와 선택을 할 줄 아는 생활이 금욕이다. 미래의 삶 또한 희망으로 우리에게 다가오게 하려면 오늘 반드시 포기하고 절제해야만 하는 것들이 있다. 거듭남의 아스케제가 이루어진 사람은 거룩함과 치유, 그리고 다시 오심의 아스케제를 통하여 우리에게 주어진 자연이 창조주 하느님께서 아름답게 빛으셨음을 알게 된다. 그것은 반드시 소수의 성인이나 영적으로 탁월한 선택받은 사람들만 깨닫는 것은 아니다. 그래서 탁월한 영성가 성 프란치스코 살레시오는 '성성聖性에의 보편적 성소'를 주장했다. 즉 우리가 생각하는 성인이란 일부 소수에게만 해당되는 것이 아니라, 주어진 일상생활을 사는 모든 사람에게 해당된다는 말이다. 웨슬리안 교리의 영성은 바로 이러한 보편적 성인, 그리스도인이 되도록 하는 토대가 되어야 한다.

4
환경위기시대의 웨슬리안의 생태학적 해석학

오늘날 환경 문제는 우리 미래의 생존을 위협하는 강력한 현실로 나타나고 있다. 경제 발전이냐 아니면 환경 보전이냐는 선택의 문제나 논論과 쟁爭을 넘어서 인간의 '삶의 지속 가능성'(혹은 '지탱 가능성', sustainability)과 밀접한 관계가 있다. 이 같은 삶의 불확실성을 초래하게 된 원인은 철학적이고 신학적인 이분법적 사유가 한몫 했다는 견해가 지배적이다. 예컨대 신과 인간, 자연과 인간, 남과 여, 흑과 백, 천국과 지옥, 영혼과 육체, 이성과 감성, 정신과 물질, 로고스와 뮈토스, 본질과 현상 등으로 나누어 지배와 피지배의 관계를 양산한 것이다.

그런데 이러한 근대 이분법적 사유와 실천에 반기를 든 사상이 포스트모더니즘postmodernism이다. '주체의 종말', '역사의 종언', '인간의 죽음' 등을 강변하면서 철학의 해체를 통해 새로운 사유를 구축(해체가 destruction이 아니라 de-construction임에 주의하라)하려는 포스트모더니즘의 논지는 '통합적 사유wholistic thinking', '전일적 사유holistic thinking'를 지향한다. 어느 한편으로 치우치지 않고 양자를 적절하게 조화시키면서 근대적 사유가 남긴 사상적 편린을 극복하겠다는 것이다. 이와 맞물려 산업사회 이후 지속된 자본주의의 병폐를 날카롭게 지적하고, 후기 자본주의가 남긴 환경 문제에 대해 심각한 우려를 표하기도 한다. 그러니까 이제는 자연에 대한 이해를 새롭게 해야 한다는 것이다. 자연이 단순히 인간의 삶의 목적에 따라 착취되는 대상이 아니므로 현세대뿐만 아니라 미래 세대를 위해 잘 관리하고 보전해야 한다는 '공존共存의 논리論理'를 내세우기도 한다. 물론, 그리스도인에게도 하느님께서 인간에게 베푸신 은총의 선물인 피조물을 잘 관리하고 가꾸어야 하는 책임이 있다는 것(청지기적 사명)은 두말할 나위가 없다.

그러면, 그리스도인은 '자연을 어떻게 이해할 것이냐'는 것이다. 다시 말하면 '자연을 어떻게 해석할 것이냐', '그 해석학적 준거는 무엇이냐'고 물을 수 있다. 일반적으로 '해석학Hermeneutics'이란 그리스어 '헤르메누에인ἑρμηνύειν'에서 유래하였는데, 텍스트text에 대한 언표, 설명, 번역 등을 통한 이해를 추구한다. 하느님의 말씀은 인간적이며 역사적인 언어로 전달된다. 그러므로 텍스트의 역사적 원천과 표현 방식이 이해되어야만 우리에게 말을 걸어오시는 하느님의 계시의 숨은 의미를 알게 되는 것이다. 그러한 의미에서 지금까지의 해석학 혹은 성서해석학은 자연을 배제한 채, 하느님과 인간의 수직적 관계, 인간과 인간의 수평적 관계에서만 의미를 전달했고, 그에 따른 신앙적 실천이 이루어져 왔다고 볼 수 있다.

그러나 근대적 사유 방식과 행위가 위기를 맞으면서 포스트모더니즘적 사유는 다원화된 인간의 삶에 초점을 맞추게 되었다. 그러므로 성서의 텍스트는 해석과 의미의 생성(텍스트의 본질)을 넘어서서 그것이 어떻게 다양한 목적에 맞는 유용한 진리가 될 수 있느냐를 묻는다(R. Rorty). 또한 진리는 그 자체로 있는 것이 아니라 텍스트와 해석자 사이의 이해와 융합(마음과 마음의 만남, 혹은 텍스트와 마음의 만남, 시간과 시간의 만남)을 통해 드러난다(H.-G. Gadamer, 1900-2002). 따라서 텍스트로 하여금 나에게 말을 건네게 하고, 그 텍스트의 언표를 나의 상황과 연관시키는 것이 요구되는 소위 '실존적 해석'을 추구해야 한다는 말이다. 탁월한 신약학자였던 루돌프 불트만R. Bultmann(1884-1976)에 따르면, 텍스트는 나에게 무엇을 말하려 하고, 그것은 나의 인간적 실존과 전체적으로 관계되는 하나의 의미를 매개한다. 따라서 성서적 의미는 먼저 우리의 현재 실존을 어떻게 이해하느냐에 따라 달라질 수 있다.

그렇다고 해서 기존의 성서해석학적 방법인 '역사비평학'이나 여타의 비평을 뒷전으로 한다는 것은 아니다. 다만 성서 이야기가 유대인과 그리스도인에게 신앙적 의미와 실천을 발생시켰던 것처럼, 오늘날 성서를 읽는 그리스도인도 현재의 실존적 상황에서 새로운 신앙적 의미와 실천을 발생시켜야 한다는 것을 말하는 것이다. 그것은 비단 성서의 의미만이 아니라 웨슬리안의 교리를 신앙의 근간으로 삼는 그리스도인이 21세기를 살아가면서 웨슬리안의 교리를 통하여 더욱 '새로운 그리스도인의 신앙 이야기'를 발생시켜야만 한다는 것을 강조하는 것이다.

예수님은 자연을 통해서 하느님을 만나고 또 자연을 통해서 제자들에게 진리를 가르치신 분이다(마태 5:36, 6:25-34, 7:24-27, 13:33, 마르 4:26-32, 13:28; 루카 12:16-20,56, 15:1-7, 17:24,37; 요한 3:8 참조). 예수님이 자연을 통해서 하느님을 체험했듯이 그 하느님을 예수님의 일행에게도 또한 친숙한 자연으로 대답했다고 볼 수 있다. 생각을 진전시켜보면, '생태학적 해석학Ecological Hermeneutics'은 예수님이 '구유'에서 태어나 '물'에서 세례를 받고 사막의 '흙먼지'를 밟고 다니다 '나무'에서 죽임을 당하였지만, '돌'무덤을 헤치고 부활했다는 '자연 친화성'에서 찾아보려는 시도이다. 또한 예수님의 말씀과 행업이 자연에 기초하고, 자연을 소재로 대중에게 말씀하셨다는 것에서 해석의 실마리를 찾아 성서의 이해 혹은 텍스트의 이해를 새롭게 하고자 하는 것이다. 지금까지의 해석학이 하느님과 인간, 인간과 인간의 관계에 국한된 의미 찾기의 읽기였다면, 이제는 자연과 연관된 생태학적 해석학을 통하여 해석학의 지평을 더 넓혀보고자 하는 것이다. 해석학은 텍스트가 본래 가지는 '숨은 의미'를 드러내어 '의미를 생산'해내는 것을 말한다. 오늘날 우리가 처한 현실과 삶은 다차원적 해석을 요구한다. 따라서 웨슬리안의 교리에 대한 성서신학적, 조직신학적, 윤리신학적 해석이 모두가 가능하겠지만, 여기서는 응용신학Applied theology적인 하나의 방법으로서 생태학적 해석학을 시도하려는 것이다. 또한 '생태학적 해석학'은 생태학적 언어를 통해서 자연(의 존재)의 소리, 즉 '무제약적 의미의 근거'(E. Coreth)인 하느님이 인간에게 들려주시는 자연의 언어(피조물)를 알아들을 수 있도록 하는 것이다.

주지하는 바와 같이, 현재 우리가 처한 실존적 상황은 '환경의 위기 시대'에 있다. 환경의 문제는 생존의 문제다. 앞서 말한바와 같이, 이것은 현세대만의 문제가 아니라 미지의 미래 세대의 생존이 달린 문제다. 그렇다면, 우리 자신뿐만 아니라 미래 세대를 위한 배려와 연민의 삶은 어떻게 이루어질 수 있을까? 그것은 오늘을 사는 그리스도인의 텍스트인 성서의 생태학적 해석뿐만 아니라 그리스도인의 신앙 지표인 웨슬리안의 생태학적 해석학을 통한 무한 의미의 생성에 있다고 생각한다. 거듭남의 교리에서 치유의 교리에 이르기까지 웨슬리안의 교리는 생태학적 해석을 통해 '생태적 삶', '생명의 삶', '사랑의 삶', '연민의 삶', '미안未安한 마음을 품고 사는 삶'을 살도록 해야 한다. 그런 의미에서 웨슬리안 교리의 의도, 텍스트의 의미를 묻고 오늘날 웨슬리안의 교리는 그리스도인에게 어떤 의미가 있는지를 설명하고 또 이해해야 한다. 그래서 교회는 웨슬리안의 교리의 생태학적 읽기, 생태학적 해석을 통해 피조물을 아끼는[사랑] 실천이 이루어지도록 해야 할 막중한 책무가 부여된다고 볼 수 있다.

'웨슬리안 교리의 읽기'는 그리스도인의 삶을 만족시켜야 한다. 그리스도인의 삶을 만족시킨다는 것은 다원화되고 변화된 세계에서 웨슬리안의 교리를 신앙적 지표로 삼는 그리스도인의 신앙과 실천에 의미가 있어야 한다는 말이다. 그러므로 '새로운 웨슬리안의 교리 읽기'는 '웨슬리안의 교리 실천하기'와 맥을 같이 한다. 다시 말해서 웨슬리안의 교리 읽기는 우리의 실존적 상황이 변할 때마다 그 해석과 실천 또한 달라져야만 한다는 것이다. 그런 의미에서 웨슬리안의 교리에 대한 생태학적 해석은 바로 뒤틀려진 하느님과 인간, 인간과 인간, 자연과 인간의 관계를 올바로 독해하고자 하는 방편이다. 그것은 웨슬리안의 신학이 그리스도인을 위해 생태학적 삶을 제시해주어야 한다는 '거룩한 부담'으로 다가온다. 그래서 웨슬리안의 교리에 대한 생태학적 해석이야말로 오늘을 살아가는 교회의 사목자와 학자들에게 '거룩한 부담'이듯이, 그리스도인이 웨슬리안의 교리에 대한 생태학적 의미에 따라 자연과 인간의 공존을 모색할 뿐만 아니라, 인간 중심주의를 극복하고 자연을 사랑하고 배려하는 생태적 삶과 실천을 하는 것도 '거룩한 부담'이 되어야 한다.

　본래 '에세이essay'라는 뜻은 '시론試論'이나 '실험', '시도'라는 의미가 있다. 독일의 대문호인 괴테Johann Wolfgang von Goethe(1749-1832)가 "모든 사실이 이미 이론"이라고 말하였듯이, 필자는 앞으로 우리 그리스도인의 생태적 삶을 위해 하나의 시론으로서 웨슬리안 교리의 각론을 생태학적 해석학의 견해에서 풀이할 것이다. 그러나 우리의 삶은 유일회성이기 때문에 웨슬리안 교리의 생태적 의미가 하나의 실험과 시도만으로 그쳐서는 안 될 것이다. 환경문제가 우리 삶을 더 급박하게 하기 때문이다. 이 시점에서 웨슬리안의 교리를 통하여 '생태적으로 살기'를 실천한다면 한국교회에 좋은 본보기가 될 수 있으리라.

5
지상명령, 흙을 발라 눈을 떠라!

웨슬리안은 거듭남을 이렇게 설명한다. "거듭남은 곧 영으로 나는 일이니 신비에 속한 영적 변화이며 모든 사람이 자기의 죄를 회개하고 십자가에 달려 속죄의 피를 흘리신 예수 그리스도를 믿을 때, 성령의 역사로 새 생명을 얻어 그 사람의 심령과 인격 전체에 근본적 일대 변혁을 일으키는 것이니 이는 진실로 천국 복음이다." 여기서 '거듭남being born again'은 갓난아이가 탯줄을 끊고 이전의 삶과는 완전히 다른 삶을 경험하게 되는 것이며, 눈을 떠서 주변의 새로운 사물들을 인식하는 것을 말한다. 갓 태어난 아이는 귀가 열려 여러 가지 소리를 들을 뿐만 아니라 다른 모든 감각 기관을 통해 새로운 경험들을 하게 되는 것이다. 이것은 마치 그리스도인이 예수 그리스도로 말미암아 하느님에게서 나지 않고서는 새로운 것을 보지도 듣지도 못하는 것과 같다.

그러니까 거듭남은 곧 '시각의 전환'이다. 이전에는 죄인의 시각과 사유를 가지고 있었다면, 거듭난 자의 시각은 '하느님의 시각'으로 세상을 바라보는 것이다. 그런 의미에서 중생은 인간 실체의 변화라기보다는 인간 삶의 방향이 전환되었다고 보아야 하고, 관계적 의미로 이해해야 한다. 즉 하느님과 인간, 인간과 인간, 그리고 자연과 인간의 관계가 새로운 모습으로 탈바꿈하는 것이다. 그래서 이 세상은 하느님의 사랑으로 충만한 곳으로 열리는 것이고, 세속적이고 쾌락적이며, 저속한 마음이 그리스도 예수 안에 있는 마음(필립 2:5)으로 변모한다. 세상에 대한 미움과 적의가 온화한 마음으로, 교만이 겸손으로, 온 인류에 대한 이기적 마음이 사심 없는 마음으로 변화됨을 일컫는 삶이 중생한 자의 생활 태도이다.

그렇다면, 웨슬리안의 교리를 신앙의 근간으로 삼는 그리스도인이 이 세계(자연)를 바라보는 시선은 선한 마음, 평화와 희망, 사랑의 마음으로 바라보면서, 또한 이 세계에서 일하시는 하느님의 현존을 의식하는 마음이 되어야 할 것이다. 이 세계는 하느님의 의와 계시의 터topos라는 사실을 인식하는 그리스도인이 되어야 한다. 다시 말하면, 이 우주와 자연을 창조하신 하느님을 느끼고 하나 되는 체험을 하며, 자연과 분리된 존재가 아니라 자연을 사랑하면서 고통 받는 피조물의 총체적 해방에 기여하는 그리스도인이 되어야 하는 것이다.

거듭남은 마음의 변화 즉 메타노이아metanoia라고 했다. 우리는 회개를 통해 모든 사람과 피조물을 제약 없이 사랑하게 되는 것이다. 또한 세상과 자연의 고통에 함께 하는 것이다. "예수는 나의 주님이십니다!"라는 말은 메타노이아의 고백적 언어이다. 이 예수님은 바로 우리의 주님이시자 우주의 주님으로 부활하셨고 사람의 형상으로 오신 분으로 온 인류의 형제로 현존할 뿐 아니라 온 세상에 현존하시는 분이다. 이러한 의식의 변화와 함께 새로운 눈을 뜬 그리스도인은 마땅히 자연을 사랑해야 한다.

그리스도인은 창세기 1장 28절의 "너희는 땅을 정복하여라

Diminium Terrae"는 말씀을 인간이 땅을 착취해도 되는 것으로 오해하였고, 급기야 인간의 생존을 위해 무분별하게 개발해도 되는 명분으로 삼았다. 이와 같은 사상적 기초는 근대철학자 르네 데카르트 R. Descartes(1596-1650)에게서 비롯되었다고 볼 수 있다. 그 때문에 자연은 하느님의 피조물이 아니라 인간이 주저 없이 개발해야 할 생명 없는 대상으로 인식하게 됐고, 그 후 인간은 이내 이 세계와 자연을 자신의 수단과 목적으로만 대했다. 그래서 땅은 중금속으로 오염되고 산성화되다 못해 심각한 사막화가 진행되고 있다. 뿐만 아니라 핵에너지의 무진장한 유해 찌꺼기가 처리되는 위험한 장소로 전락하고 말았다. 현재 땅은 인간이 저지른 착취에 몸살을 앓고 고통을 당하며, 생명을 발생시키는 터전이 아니라 오히려 인간에게 보복을 가하는 적대자가 되어버렸다. 인간의 생존만을 위하여 다른 생명을 유린하는 행위는 우주와 지구의 중심이 인간 자신이라는 '인간중심주의 anthropocentrism'의 발로에서 비롯되었다. 창세기 3장에서 알 수 있는 바와 같이 인간중심주의(인간의 교만과 불순종)는 하느님과 인간, 자연과 인간의 관계까지 파괴하고 만다. 사실 우주와 우리 삶의 중심은 인간이 아니라 창조주 하느님이라는 고백이 거듭난 신자의 고백이어야 한다.

땅이 아파하는 만큼 우리가 함께 고통스러워 할 수 있는 것은 거듭난 신자의 삶의 방향이 완전히 바뀌지 않으면 안 된다. 또한 세상에 대해 새로운 시각을 가지려면 메타노이아의 경험을 통해 예수 그리스도의 마음을 품지 않으면 안 된다. 그런 의미에서 바울로서신에 있는 것처럼 죄 된 인간이 새로운 피조물이 된다는 것(1고린 5:17)은 하느님과 인간 사이에 새로운 변화가 일어나는 것이며, 땅이 모든 존재를 품으며 모든 존재의 생명을 살리듯 거듭난 자는 땅과 자신과의 관계에서 새로운 변화가 일어나게 된다는 것을 의미한다. 즉 지배와 피지배 관계를 넘어서서 땅이 모든 것을 잉태하는 어머니라는 사실을 깨달아 '생명에 대한 외경Ehrfurcht vor dem Leben'에까지 이르는 것이다. 거듭난 신자는 무엇보다도 이러한 관계의 회복을 통하여 화해의 주체가 되고, 아름다운 자연을 창조해주신 하느님께 그리고 풍성하고 건강한 먹거리를 생산하는 자연에게 감사할 수밖에 없게 된다.

그뿐 아니라 거듭난 신자는 예배 중에 거행되는 성찬례 의식에도 남다른 의미를 깊이 느끼게 된다. 성체성사를 위해 진설된 빵과 포도주는 자연의 산물이다. 하늘과 땅, 바람, 공기, 물 등이 맞닿아 빚어진 먹거리이자 하느님, 자연, 그리고 농부의 아름다운 합작품이다. 따라서 성찬례는 예수 그리스도께서 인류를 위해 죽으신 그 의미를 기억하며 그분과 교제를 나누는 시간이기도 하지만, 자연과의 아름다운 교제와 대화가 이루어지는 축제요, 기념의 양식form이다. 그런 의미에서 성찬례는 모든 피조된 것과의 '관계 회복'이요, 화해요, 감사다.

이제 그리스도를 통해 새로운 시각과 삶의 방향이 전환된 그리스도인은 일반인과는 다른 눈과 귀 그리고 입과 코를 가져야 한다. 다른 눈으로 자연을 아름답게 바라보는 생태적 미의식, 다른 귀로 자연과 온 우주에서 울려 퍼지는 아름다운 자연의 합창을 듣는 미적 음감, 다른 입으로 자연을 파괴하려는 이들을 저지하는 저항의 목소리, 다른 코로 자연의 향기를 맡는 여유, 그래서 온 몸으로 '모든 것 안에서 하느님을 찾는Ignatius von Loyola' 신자가 되어야 한다.

그러나 사랑은 말보다는 실천이다. 거듭난 신자는 하느님의 선한 창조로서의 창조 세계를 긍정하고 찬미해야 할 뿐 아니라 피조물의 수난과 고통, 아픔, 치명적인 병들을 외면하지 않고 오히려 그러한 현실에 저항해야 한다. 땅이 더는 어느 특정 인간의 소유가 아니라 모두를 위한 것임을 자각하고 자연과의 평화를 모색해야 한다. 각 교회와 신자들은 신앙과 삶에서 환경운동, 생명운동, 반핵운동, 세계평화운동 등을 전개하여 파괴적 실상을 고발하고 저항해야 한다. 또한 우리의 노동은 땅을 통한 노동일 수밖에 없지만, 어디까지나 모든 노동의 기반은 자연을 보존하는 노동이어야만 한다. 과잉 생산과 과잉 소비를 지양止揚, aufheben하고 교회와 개인의 삶에서는 살림살이의 청빈과 절제가 필요하다. 모든 사고는 지구적으로, 우주적으로 해야 하지만, 실천은 교회적으로, 지역적으로, 개인적으로 성실하게 이루어지도록 해야 한다.

요한복음 9장 1-12절에서는 시각 장애인이 눈을 뜨는 이적사화 miracle narrative를 소개한다. 그런데 왜 예수는 그의 눈에 흙πηλος을 바른 후 실로암 연못가에 가서 씻으라 했을까? 흙은 하느님이 인간을 만들 때 사용하셨던 재료인 동시에 생명의 원천임을 알았던 것은 아니었을까? 흙을 나타내는 라틴어 'humus'는 인간human이 흙에서 와서 흙으로 돌아감을 깨닫게 해주는 말이다. 게다가 겸손과 낮춤을 의미하는 'humility'도 같은 어원에서 나왔다는 것을 알면 인간이 이 땅에서 얼마나 겸손한 존재로 살아가야 하는가를 알게 해준다. 그런 맥락에서 "자연은 인간보다 앞서서 있었고, 인간은 자연의 가운데 있고, 자연의 일부"라는 헤겔G. W. F. Hegel(1770-1831)의 말이 폐부를 찌른다. 한국교회는 무엇보다도 거듭남의 삶을 강조한다. 그렇다면, 오늘날 중생한 그리스도인의 삶은 우주와 자연(땅)의 중심이 인간이라는 소박하고 어리석은 태도를 버리고, 현대적 의미에서(특히 환경문제에 직면한 현시점에서) 흙이 오염되면 인간의 미래도 점칠 수 없다는 것을 자각하며, 자연과 더불어 사는 겸손의 삶을 지향해야 한다.

6
아담아! 네가 돌아갈 곳은 흙이려니

땅(대지)에 대한 멋들어진 묘사 하나가 우리의 눈을 뜨게 한다. "자연의 어머니인 대지는 자연의 무덤이기도 하고, 자연의 무덤인 그 대지는 또한 자연의 모태母胎이기도 해. 보아하니 그 모태에서 가지각색의 자식들이 태어나와, 다정한 대지의 가슴에서 젖을 빨고 있더라."(윌리엄 셰익스피어의 로미오와 줄리엣의 제2막 제3장에 나오는 로렌스 신부의 독백) 셰익스피어의 자연에 대한 메타노이아적 표현이라고 여겨지는 대목이다.

앞에서도 말했듯이, 메타노이아metanoia는 '의식의 전환', '의식의 변화'를 말한다. 원래 회개라는 말은 '메타meta'(변하다, 바꾸다)와 '누스nous'(의식, 정신, 생각)의 합성어다. 그러니까 회개는 '의식[생각]의 변화'를 말하는 것이다. 메타노이아는 의식뿐만 아니라 가치관, 인생관, 세계관이 완전히 바뀌는 것이다. 그러므로 '회개하시오'라는 말은 '생각을 바꾸시오', '의식을 바꾸시오'라는 말로 바꿀 수 있다. 이것을 일컬어 '내적 변화'나 '거듭남'이라 하는 것이다. 더 나아가서 신자가 거듭난다는 것은 자신의 활동과 행위가 하느님이 활동하시도록 하는 것이며[영성], 하느님의 지배가 곧 자유임을 말한다. 이러한 삶의 지표가 하느님 사랑, 이웃 사랑이다.

그런데 신자가 하느님의 선하신 의지로 그리스도를 통해 구원의 체험, 즉 거듭나는 체험을 하면 '~에서의 자유liberté de'에서 '~을 위한 자유leberté pour'로 나아간다(Thomas Aquinas, 1225–1274). '~을 위한 자유'는 이웃과 타자 혹은 자연과의 사랑, 친교를 일컫는다. 거듭난 사람에게는 하느님의 의에 힘입어 예수를 따르려는 적극적 태도가 발생한다. 그리스도인뿐만 아니라 모든 그리스도인의 영적 여정의 출발은 회개를 통한 거듭남regeneration에 있다. 이것은 과거의 삶을 끊어버리고 새로운 길에 들어서는 삶을 말하며 그리스도와 더불어 생각하고, 느끼며 살도록 결단하는 행위다. 그러므로 인간의 미래를 염려하며 피폐된 자연을 그리스도의 사랑으로 바라보고 느끼고 뉘우칠 뿐만 아니라, 자연에 대해 안타까운 마음을 가지고 나의 이웃으로 대하는 태도와 과감한 결단을 요하는 것이다.

또한 죄의 깨달음(회개와 거듭남)은 나의 실존적 죄를 뉘우치는 태도뿐만 아니라 자연을 파괴시킨 비생태적, 반생명적 삶을 돌이켜 바로 잡는 것이다. 이것은 예수 그리스도처럼 영적으로 가난해지는 동시에 물질적으로도 '가난한 삶'(완곡한 표현으로는, '청빈한 삶')을 살도록 추동하는 영적, 육적 가치의 일대 전환이다. 나의 가난은 이웃인 자연에 대한 배려caring요, 땅을 근거로 사는 인간의 겸손한 모습이다.

땅은 겸손하며 솔직하고 정직하다. 그뿐만 아니라 모든 것을 내어주고 포용하는 어머니와도 같다. 그러기에 우리는 땅의 모습을 닮아야 한다. 마치 자신을 내어주시려고 이 땅에 거룩한 몸으로 현현顯現하신 예수처럼 말이다. 땅과 우리의 관계는 늘 새로운 만남이다. 그리스도를 대하는 우리의 마음이 늘 새롭듯, 거듭난 그리스도인의 마음은 땅을 대할 때마다 항상 새로운 마음으로, 예수의 마음으로 성실하고 진지하게 대해야 한다. 예수가 우리의 생명이듯 땅은 우리의 생명이요, 희망이기 때문이다.

창세기는 인간의 교만Hubris이 땅의 저주와 함께 인간 자신의 고통을 초래하였음을 말하고 있다. 요엘도 황폐해진 땅으로 탄식하고 회개를 호소한다(요엘 1 - 2장). 그러므로 인간은 무언가를 해야만 한다. 그 첫 번째 작업이 사태를 되돌리는 것이다(metanoia). 날아가는 참새, 물고기, 들에 핀 잡초, 바위 등 그 어느 것도 예수의 시선과 "함께 있음"(immanuel)에서 벗어날 수 없다는 것을 인식해야 한다. 새로운 시각으로 세상을 바라보는 것, 그것은 이 땅을 죽이는 문화와 정신을 거부하고 생명을 살리고 새롭게 태어나는 문화와 정신으로 만들어 가는 출발이다. 그러려면 '모든 것 안에서 하느님을 찾는 영성 Ignatius von Loyola'이 필요하다. 땅 위를 걸어갈 때, 나무를 볼 때, 길에 난 잡풀을 볼 때 우리는 거기에서 창조주 하느님을 만나는 새로운 시각과 새로운 인식이 요구된다. 다시 말해서 예수의 현존(마태 1:23, immanuel)을 통해서 세계에 내재하는 신의 현존을 보아야 한다는 것이다.

거듭남의 삶은 우리가 예수 그리스도를 통해 하느님과 관계를 회복한 것처럼, 자연과의 화해Erlösung를 이루는 삶이다. 화해는 곧 땅에 대한 창조주의 의지와 땅의 생명을 함부로 남용하지 않고, 관리하며 보전하는 '대지의 윤리Land Ethics'를 실현하는 것이다. 하벨Norman C. Habel에 따르면, 인간의 땅은 하느님의 선물이며 아름다운 것이다. 땅은 하느님에게서 씨를 받아서 그것을 풍요롭게 변형시키는 존재의 자궁이다. 그래서 땅은 모든 존재를 품는다. 땅은 우리를 살리는 근원이다. 따라서 인간의 불의와 탐욕, 유린은 땅의 고통이며, 땅의 고통은 여호와 하느님의 고통이다.

'고통'을 뜻하는 고어古語는 'patior'라고 한다. 여기에서 '인내'를 뜻하는 'patience'가 나왔다. 인내는 고통을 감수하면서 견뎌내는 것이다. '고통이 인류의 선생'이라는 말이 있다. 어쩌면 우리의 땅이 겪는 고통과 그로 말미암은 하느님과 우리의 고통은 현재의 삶의 방식을 바꿔야 한다는 것을 깨닫게 해주는지도 모른다. 또한 우리는 우리 자신의 탐욕으로 다 자라지 않은 나무의 밑동을 잘라내는 고통을 탈피하도록 그 나무가 '태양' 에너지와 '물'의 영양분과 '신선한 공기'를 들이마시면서 성장한 나무와 숲을 이루기를 인내하며 바라보는 정서와 종교적, 생태적 감수성이 필요하다.

우리 그리스도인은 레비나스E. Levinas(1906 - 1995)가 말한 것처럼, 타자他者, alter ego에 대해서 책임적 존재로 살아가야 한다. 타자로 말미암아 살아가는 의미를 깨닫는 존재가 되어야 한다. 자연이라는 타자는 우리 인간에게 가장 가까이에 있다. 인간에게는 마주보는 얼굴과도 같은 존재다. 그러므로 타자인 자연을 대할 때, 우리의 얼굴을 대하듯 존엄과 존중의 태도가 필요하다. 이것은 거듭남의 구원 체험을 한 그리스도인이 하느님의 구원 행위가 개별적 존재인 "나" 자신뿐만 아니라 하느님께서 친히 창조하신 피조물 전체에까지 이른다는 우주론적 구원'관觀'을 가져야함을 의미한다.

또한 우주론적 구원관은 주님의 궁극적 구원을 위한 현현顯現의 장소topos가 이 '땅'임을 인식하는 태도이다. 구원의 인식 주체인 인간이 이제는 자연을 하느님의 궁극적 구원 대상으로까지 확장, 적용시켜야만 한다. 그런 의미에서 교회는 구원을 인간에게만 한정시키지 말아야 한다. 그렇게 할 때에 비로소 인간과 자연이 서로 분리된 존재가 아니라, 인간의 생명이 땅의 생명과 불가분리임을 깨닫는다. 땅에 침을 뱉는 오만함과 추태는 자연에 대한 폭력이며 인간의 도덕성과 경건에 먹칠하는 행위이다. 더 나아가 자신의 생존을 위해서 모든 생물의 생명을 아랑곳하지 않고 해하는 모습은 인간이 '자연에 대해서 늑대'나 다름없음을 보여준다. 자연에 대한 전쟁을 서슴지 않는 사람들이라 표현할 수도 있을 것이다.

이제 거듭남의 삶은 매주일 교회 주보를 받아들면서 헌금 명단에서 자신의 이름을 확인하며 흐뭇해하는(?) 신자가 아니라 한 장의 주보가 되기까지 땅의 소산인 나무의 생명이 나의 손에 들어 왔음을 아는 것이다. 또한 내 아파트와 교회 입구에 비로소 아스팔트 포장이 이루어졌다고 기뻐하는 신자가 아니라 땅의 호흡을 막고 우리 어린이들의 놀이터를 빼앗는구나 하는 미안하고 안타까운 마음을 갖는 태도이다. 더 나아가 우리는 교회 어린이의 간식 때문에 패스트푸드점을 찾을 때 햄 생산을 빌미로 목축지를 만들기 위해 얼마만한 밀림지대의 나무가 베어져야 하는지, 그럼으로써 그것이 원주민의 삶터를 앗아가는 짓인지 뼈저리게 인식해야만 한다.

신앙생활에서 거듭남은 그리스도인의 영적 여정의 시작이라 했다. 그리스도인이 거듭남의 삶을 뿌리내리려면 먼저 교회의 물질주의 사고와 물량주의, 경제적·경영적 수치에 입각한 팽창주의 등의 신앙 행태를 배격排去, Ausschaltung해야만 한다. 그래서 교회가 소비양식을 양산해내는 '소비 공동체'가 아니라 거듭남의 삶을 실천하는 생태적 가치, 올곧은 종교적·정신적 가치를 생산해내는 '생태적 교회'

가 되어야 한다.

인간을 태운 땅덩이가 수십만 년을 돌면서 밤이면 밤, 낮이면 낮, 엷은 웃음을 숨기고 있는 듯하다. 들릴 듯 웃음소리에 그만 끌려 대자연의 일부로 화하고 싶다. 이 자연에 대하여 하느님은 누구인가? 그 엷은 웃음을 하느님이라 한다.

(곽노순, 『예수 현상학』 중에서)

7

우리 안에 거룩한 물이 있다!

천상병 시인은 「청녹색」이라는 시에서, "하늘도 푸르고 바다도 푸르고 산의 나무들은 녹색이고 하느님은 청녹색을 좋아하시는가 보다"라고 했다. 자연과 벗하여 사는 그리스도인은 '청녹색'의 마음을 지닌 사람이다. 거듭난 이후에 그리스도인의 아름다운 삶은 하느님의 모상imago Dei을 지닌 인간이 하느님께 온전한 헌신과 사랑을 나타내고, 이웃과 자연의 관계에서 조화를 이루는 삶의 모습이며, 예수 그리스도의 인격을 갖추고 사탄의 세력과 싸우는 전사戰士의 삶이다. 다시 말해서 거룩함은 '녹색영성Green Spirituality'을 지향한다. 녹색영성은 십자가를 통한 하느님의 구원(적색은총)과는 달리 자연과 인간을 포괄하는 우주적 구원, 그리고 자연에 대한 하느님의 사랑과 은총을 깨닫는 것이다. 그러므로 거룩함(의 은총)은 하느님과의 완전한 관계 회복(적색은총)뿐만 아니라 자연과의 화해(녹색은총)를 의미하기도 한다.

웨슬리안은 거룩함의 개념을 이렇게 풀이한다. "이는 성도가 받을 성령 세례를 가리킴이니 주 예수께서 '요한은 물로 세례를 베풀었지만 오래지 않아 너희는 성령으로 세례를 받게 될 것이다'(사도 1:5)

라고 약속하신 대로 오순절에 제자들은 성령 세례, 즉 거룩함의 은혜를 체험하였으니(사도 2:1-4), 우리도 모든 사람을 거듭남으로 인도하고 거듭난 처지에 있는 신자를 거룩함의 은혜를 체험하도록 인도한다. '모든 사람과 화평하게 지내며 거룩한 사람이 되도록 힘쓰시오. 거룩해지지 않으면 아무도 주님을 뵙지 못할 것입니다'(히브 12:14)." 또한 거룩함은 "그리스도로 말미암아 성령 세례를 받음이니 곧 거듭난 후에 믿음으로 순간적으로 받는 경험이다. 이 은혜는 원죄에서 정결하게 씻음과 그 사람을 성별하여 하느님을 봉사하기에 현저한 능력을 주심이다(사도 1:4-5, 15:8-9; 루가 24:49). 사람이 의롭다함을 얻을 때 믿음이 유일한 조건인 것 같이 거룩함도 오직 믿음으로 얻는 은총이다(로마 5:1; 사도 15:8; 갈라 3:4; 1요한 1:9)."

거룩함은 거듭난 이후에 남은 죄의 잔재를 제거, 즉 내면의 부패성을 완전히 제거하는 실존적 변화를 일컫는다. 더 나아가 거룩함이란 '온전함', '완전함', '영혼의 건강함'을 의미한다. 여기서 거룩함은 그리스도 안에서 완전한 신자이며, 거룩한 신자의 본성은 '사랑 안에서의 완전'이다. 이것은 거룩함의 결과로서 주어지는 거룩한 삶의 모습이며 그리스도인의 정수精髓라 할 것이다.

요한복음 3장 5절에 따르면, 예수는 "물과 성령으로 새로 나지 않으면 아무도 하느님의 나라에 들어갈 수 없다."라고 말씀하신다. 물은 메타포이다. 그러나 우리가 세례를 받을 때 그 물은 거룩한 물이다. 우리가 거듭났으며 이제 세례 받기 이전과 이후의 나의 삶은 완전히 다른 삶, 즉 '거룩한 삶으로의 이행인 통과의례'인 셈이다. 그러므로 그리스도인이 거룩한 삶, 성화의 삶에 돌입하는 첫 단추가 바로 '거룩한 물세례'라고 볼 수 있다.(에제 36:25 참조) 이 거룩한 물세례로 우리는 거룩하신 하느님을 통해 정화淨化되어 하느님을 위한 온전한 헌신으로 나아가는 첫발을 내딛게 된다. 이제부터 신자는 새로운 피조물로 통합되었으므로, 모든 영역에서 성결한 삶을 나타내야 한다.(이사 23:18; 즈가 14:20 - 21 참조)

그런데 앞에서 살펴본 것처럼, 그리스도인에게 화평한 삶과 거룩한 삶은 동치同値라고 볼 수 있다. 거룩한 삶이 고통 받는 우리 이웃, 곧 자연과의 화평한 삶과 연관되지 않는다면 그 삶은 거룩한 삶이라 볼 수 없을 것이다. 우리가 완전히 깨끗해져서 그리스도 안에서 완전한 사랑을 실현하는 거룩함이라는 실존적 변화를 이루었다면, 그것은 우리 안에 하느님의 거룩함, 하느님의 온전함, 하느님의 본성이 내재해 있다는 말과 같다.(1데살 4:3) 온전하다는 말은 그리스어로 pantelos(=pan+telos)이다. 이것은 달리 말하면, '모든 것을 완전하게 구원한다'는 말로 풀이할 수 있을 것이다. 하느님의 본성은 죽음이 아니라 생명이다. 생명 있는 것은 무엇이나 온전하게 구원되어야 마땅하다. 따라서 그리스도인이 거룩한 신자로서의 열매를 맺는다는 것은 생명에 반하는 온갖 파괴와 죽임에 저항하는 것과 일맥상통한다. 우주의 대부분은 생명을 가능케 하는 물로 구성되어 있을 뿐만 아니라, 우리 몸도 70%이상이 물로 구성되어 있다. 사람은 일반적으로 음식을 먹지 않고서도 며칠을 버티지만, 물은 하루라고 섭취하지 않으면 우리 몸에 이상이 온다. 물은 생명의 원천이다. 그러므로 물은 물질적, 화학적 차원을 넘어서 정신적, 영적 차원을 지닌다. 이 물을 통해서 하느님께서는 생명을 만들고 그 생명을 유지시키신다. 그러므로 물은 H_2O 이상以上이다.(요한 4:13 - 14)

그런 물이 이미 썩을 대로 썩었고, 악취가 풍길 대로 풍긴다. 산성비, 황사비, 페놀, 공장 폐수, 지하수의 고갈 등으로 자연의 맑은 물이 서서히 죽음으로 치닫는 것을 볼 때 유감이 아닐 수 없다. 오늘날 우리나라 한 사람이 하루에 사용하는 물의 양(수돗물 기준으로)은 200L라고 한다. 게다가 우리나라는 OECD 회원국 중에서 심각한 물부족 국가로 분류되었지만(이 주장에 대해서는 다소 이견이 있을 수도 있다), 물 소비량은 갈수록 늘어간다. 이런 상황에서 우리가 물을 대하는 인식은 어떠해야 할까? 먼저, 우리 그리스도인은 '생태학적 양심生態學的 良心, Ecological Conscience'을 지니고, 우리 자신이 하느님의 거룩한 물에서 노니는 사람이라는 것을 인식해야 한다. 생태학적 양심이란 우리 안에 계신 하느님의 음성, 하느님의 지각이 자연에 대한 모든 사디스트적sadistic 파괴 본능에 'No'라고 말하는 것이며, 'No'라고 하는 것에 반하는 행동을 하지 않는 것이다. 물은 사고파는 상품이 아니다. 물은 누구나 공유해야 하는 거룩한 생명이기 때문이다.

이런 생각을 일찌감치 깨우쳤던 고대 그리스 철학자 탈레스Thales(BC 640-546)는 만물의 근원(아르케arche)을 '물'이라고 생각했다. 모세오경의 저자도 하느님께서 천지를 창조하시고 빛을 만드시기 전 하느님의 신은 수면the waters에 운행했다고 기록했다. 생태성인 성 프란치스코St. Francisco of Assisi(1182?-1226)도 「태양의 찬가」에서 물을 '쓰임 많고 겸손하고 값지고도 조촐한 누나'라고 표현했다. 뿐만 아니라 예수와도 접촉이 있었던 에세네파의 노래에도 다음과 같은 가사가 있다. "생명의 물, 이 지구 위의 모든 물, 흐르기도 하고 솟아나기도 하고 멈춰 서기도 하는 물, 끝없이 흐르는 원천, 축복 받은 빗방울을 우리가 경배하노라. 우리는 영원히 저 선하고 거룩한 물을 기리노라."

이렇듯이 물은 우리의 가족과도 같은 '누님'이요, 선하고 거룩한 것이다. '거룩'을 나타내는 히브리어 '카도쉬קדש'는 '분리', '구별'이라는 의미를 지닌다. 죄에서의 분리, 더러움과 추함에서의 구별은 그리스도인의 신앙 과제이기도 하다. 그러나 오늘날 우리에게도 부과된 거룩한 삶을 위해서, 그리고 거룩한 물을 보전하려면 현재의 육적 욕망, 세속적 욕망에서의 단호한 구분과 구별, 그리고 차별된 삶이 필요하다. 우리의 자본주의적 욕망과 육적 욕망 때문에 오염된 물이 급기야 영혼을 오염시킬 수 있다는 말이 과장된 표현만은 아닐 것이다. 우리 안에 거룩한 물이 있으니까 말이다.

거룩함을 뜻하는 '성결聖潔'이라는 한자의 '聖'은 약 3,400년 전에 쓰인 갑골문에는 서 있는 사람[人]의 상단에 '이耳'가 첨가된 것이라고 한다. 이는 성인聖人이 되려면 말하기보다는 듣는 것이 중요함을 나타내는 말인 듯싶다. 거룩한 자[聖人]는 말을 통해 자신의 행위를 드러내는 존재가 아니라 남의 말에 귀 기울여 그 말의 해악을 가려주는 현인이었던 모양이다. 또한 '깨끗하다'는 의미의 '결潔'은 죄의 종식과 근절의 의미를 내포한다. 앞에서 말한바와 같이, 거룩은 분리와 구별의 의미가 있다. 성결은 하느님의 본성에 참여할 수밖에 없으며, 그 구원의 보증을 자연을 통해, 자연과의 관계에서 인증됨을 말해준다. 거룩함의 은총은 하느님 안에서 시작하지만, 자연과 더불어 이루어지는 '완전'을 향한 몸부림이며 신앙과 삶의 통전성을 의미하기 때문이다.

하느님이 거룩하기 때문에 인간도 거룩해야 한다는 하느님의 존재론적 선언은 인간 자신뿐만 아니라 만물을 거룩하게 해야 한다는 책무를 지닌다. 그야말로 만물을 거룩하게 하는 자는 그리스도와 합일하여 사는 사람이다. 즉 그리스도를 닮은 imitatio Christi 사람은 만물을 거룩하게 하시는 하느님을 깨닫게 되며, 아울러 만물 안에 계신 하느님을 발견하게 된다. 이러한 맥락에서 "피조물의 방대하고도 분방한 생명 현상을 통찰력 있는 눈으로 깊숙이 들여다 볼 줄 아는"(A. Schweitzer, 1875 – 1965) 사람, 그리고 자연의 소리, 물이 흐르는 소리에 귀를 종긋 세우고 그 조화와 맑음, 깨끗함에서 하느님의 현존을 의식하고 자신을 맡길 수 있는 사람이 이 시대가 요구하는 그리스도인이라 볼 수 있다.

8
물에서 우주적 거룩함을 배우다!

독일의 대문호 헤르만 헤세Hermann Hesse(1877-1962)는 "물에서 배우라…물은 생명의 소리요, 영원히 생성하는 소리이다"라고 했고, 노자老子는 "가장 훌륭한 것은 물과 같이 되는 것이다. 물은 만물을 이롭게 하면서도 겨루지도 않고 사람들이 싫어하는 곳에 거한다. 그러므로 물은 도에 가깝다"[上善若水, 水善利萬物而不爭, 處衆人之所惡, 故幾於道,『道德經』]라고 했다. 물은 만물의 근원이며, 우리의 생명이다. 또한 물은 겸손하다. 스스로 낮추기를 마다하지 않는다. 그래서 헤세와 노자는 모름지기 물을 닮은 이는 도道, 즉 삶의 이치와 우주의 이치를 깨우친 사람이며, 남(자연과 인간)과 다투지 않는다고 말하는 것이다. 마치 그리스도인이 성령으로 말미암아 거룩한 사람이 되어 하느님과의 사귐, 사람과의 사귐이 온전하고 사랑스러운 것처럼, 물을 닮은 사람은 만물과의 사귐을 통하여 사랑과 평화를 실천하게 된다.

만물과의 사랑과 평화를 깨닫고 실천하게 하신 이는 하느님의 영으로서 그분은 먼저 우리로 하여금 하느님에게서 오는 '생명'을 깨닫게 하신다. 그래서 위르겐 몰트만J. Moltmann은 하느님께서 그리스도를 통해서 이 세상에 가져오신 것은 '생명'이라고 말한다. 하느님께서 우리를 위해서 베푸신 생명을 깨달을 뿐 아니라 그 생명을 모든 피조물과 함께 향유하는 것 또한 참다운 생명을 인식한 그리스도인의 모습이다. 모름지기 생태영성이란 자연과의 화해, 자연에 대한 정의를 이루도록 하느님의 생명이며 약자인 '자연의 목소리'에 민감하게 반응하는 그리스도인의 생활 태도이다. 자연에 대한 인간의 모든 지배 양식에서 벗어나 하느님의 관심사, 즉 자연에 대한 이기적 태도를 지양하고 하느님의 생명, 자연의 생명에 동참하는 것이 생태영성 Ecological Spirituality이다.

바닷물은 지구 이산화탄소CO_2의 약 80%를 함유하고 있다. 게다가 바닷물은 산소O_2의 양을 조절해주는 역할을 한다. 우리 지구는 산소가 너무 많아도 그리고 너무 적어도 문제인데, 바닷물이 이산화탄소의 양과 산소의 양을 적절하게 조절해줌으로써 전체 생태계의 평형관계를 유지시켜준다. 또한 과학자들은 우리 먹거리의 최후의 보루가 바다에 있다고 말한다. 그러나 인간의 야만성과 이기심, 그리고 폭력성은 자연을 동반자라고 생각하지 않는다. 일전에 코스타리카의 이스라 델 코코섬 연안에서 수 억 마리의 상어가 지느러미만 잘린 채 바다 밑바닥에 가라앉아 죽어 가는 참상이 TV를 통해 방송된 적이 있다. 오직 미식가들이 상어 지느러미를 이용한 샥스핀 요리를 선호한다는 이유만으로 말이다. 미식가들의 입맛을 맞추려고 수많은 상어의 목숨이 안타깝게 사라지는 것도 문제이지만, 먹이 사슬의 상위에 위치한 상어가 사라지면 자연 생태계가 파괴되어 우리의 바다 먹거리에도 돌이킬 수 없는 사태가 초래될지 모른다.

"물은 평화이다." "물은 녹색 미래를 위한 공유재이다." 또한 "물은 '노느매기(나눔) 영성'이 실현되는 신비이다." 그런데 인간의 평화를 위해 반드시 필요한 물(먹거리)은 이제 인간의 근시안적 쾌락을 위한 수단이 돼버리고 말았다. 지금도 우리는 물 때문에, 혹은 바다 먹거리 때문에 지구촌 곳곳에서 야기되는 크고 작은 국가 간 갈등과 전쟁을 목도한다. 과학자들은 2005년 현재 6－9억 명이 물부족으로 고통당하고 있고, 50년 후에는 10－24억 명(전세계 인구의 1/3에 해당)이 물 때문에 시달릴 것이라고 전망한다. 물부족water-stressed 국가란 1인당 물 공급량이 연간 1,200t이하로 떨어지면 물기근국으로 분류된다. 현재 전 지구적으로 갠지스강, 나일강, 다뉴브강, 티그리스강, 유프라테스강, 요르단강 등이 물 분쟁지역으로 되어 있다.

이러한 전 지구적 물부족 사태는 급기야 물 전쟁으로 치닫는 결과를 낳을 수도 있다. 경쟁자를 뜻하는 영어 단어 rival과 경쟁을 뜻하는 rivalry는 모두 개울이나 시내를 뜻하는 라틴어 rivus에서 나온 단어이다. 이미 예전부터 물을 둘러싼 갈등과 전쟁이 있었음을 상기시켜 주는 말이다. 이러한 상황에서 그리스도인은 자연과 인간의 상호의존적 존재로서 '샬롬 공동체'를 실현시키는 일원이 되어야 한다. '샬롬'은 온전한 구원의 표지이다. 그런데 그리스도인의 온전한 구원은 다른 말로 '거룩함'이라 할 수 있다. 거룩함은 모든 사악한 욕망에서 자유함을 의미한다. 돈에서, 권력에서, 이기심에서, 소유욕에서 해방되는 것이다. 그래서 가난을 추구하는 그리스도인은 모든 미물조차도 소중하게 생각하며, 존중하는 태도와 성스러운 마음을 갖는 삶이 요구된다.

북미 추마시Chimash 인디언은 "나는 살아가려고 매일 성스러운 대지를 사용한다. 만일 자신의 신앙과 전통에 대하여 존경하는 마음을 품고 바라본다면 우리 주위의 사물들 중 어느 하나 성스럽지 않은 것은 없다"는 말을 남겼다. 교회에도 만물을 성스럽고 거룩한 눈으로 바라보는 신앙 전통이 있다. 그것은 '거룩함'이다. 영혼의 거룩함, 육체의 거룩함뿐 아니라 만물의 거룩함이 온전한 구원이라는 신앙 전통이야말로 환경문제에 직면한 우리 그리스도인이 반드시 구현해야 할 전도 표제이며 신앙 지표라고 볼 수 있다. 이것은 또한 만물을 심미적 관점viewpoint of aesthetics으로 바라보는 것을 뜻한다. 폭포에서 떨어지는 물을 바라보고, 혹은 드넓은 바다와 우리를 삼킬 듯이 일어나는 파도를 바라보며 느끼는 '숭고함sublimation'은 굳이 임마누엘 칸트I. Kant(1724-1804)의 『판단력 비판』을 살펴보지 않아도 거룩한 사람이라면 누구나 느끼는 신앙적 감정, 자연에 대한 감정일 것이다. 이른바 '생태적 미학Ecological Aesthetics'이다. 생태적 미학은 자연의 모든 요소를 아름다운 감정과 숭고한 감정, 경외의 감정으로 바라보고 대하는 삶의 감성적 태도이며, 미적 경험을 말한다.

러시아 태생의 예술가이자 미학자인 칸딘스키W. Kandinsky(1866-1944)는 흰색은 대침묵으로 우리의 심성(Psyche)에 작용한다고 말하면서 다음과 같이 주장했다. "흰색은 죽은 것이 아닌, 가능성으로 차 있는 침묵이다. … 그것은 젊음을 가진 무無이다. 또 더 정확히 말하면 시작하기 전부터 무요, 태어나기 전부터 무인 것이다. 지구는 빙하기의 백시대白時代에 아마 그런 식으로 음향을 냈을 것이다." 물은 단지 무가 아니라, 무한성을 담지한 젊음이요, 침묵이다. 그런데 공교롭게도 거룩함의 메타포는 물이다. 어원적으로 거룩함은 라틴어의 sanctus, 인도-유럽어족의 halio와 같다. 이것은 참살이well-being, 건강health, 흠이 없음hale, 더럽혀지지 않은inviolate 등의 의미를 지닌다.

거룩함이 깨끗함과 순결함을 상징하는 흰 백합과 연관 있듯이, 물은 거룩함, 흰색(부활, 정화의 상징), 무와 밀접한 관계가 있다. 거룩함을 물세례로 묘사하듯, 물은 죄에 대한 침묵이며, 죽음과의 싸움(M. Eliade, 1907-1986)이자 생명의 무한한 가능성을 지닌 메타포이다. 그러므로 물은 단순한 무無가 아니다. 오히려 생명을 잉태시키는 태반이요, 생명의 원천이다.(헤겔이 말했던가? 純粹 存在와 純粹 無는 통한다고) 마찬가지로 그리스도인은 하느님에게 부여받은 생명을 사람뿐 아니라, 자연과 함께 공유해야 할 유기적 존재이다. 과학적으로 밝혀진 바에 따르면, 아직까지 지구만이 이 우주에서 물이 존재하는 특별한 장소라고 한다. 물이 존재한다는 것은 지구가 '지적 생명체'가 발달할 유일한 장소라는 것이다. 우리가 거룩함이 무엇인지 또 거룩하려면 어떻게 해야 하는지, 더 나아가 거룩함과 생태문제와의 연관성을 논하는 것도 이 지구상에서 '물'의 혜택을 입은(혹은 안정된 물 분자 구조를 지닌) 인간이기에 가능한 것이라면 지나친 논리일까?

혹자는 물이 부족하니 댐을 건설하여 그 문제를 해소하면 되지 않겠느냐고 생각할 수 있다. 그러나 댐건설이 능사는 아니다. 댐을 건설하려고 선정된 지역은 돈으로 환산할 수 없는 심각한 생태계 훼손과 이주민이 발생된다는 것을 알면 그렇게 단순논리를 주장할 수 없다. 지금 우리가 마시고 세탁하는 물과 심지어 화장실의 상수도는 그동안 많은 사람으로 하여금 수려한 산천의 계곡과 정든 고향을 등지도록 강요하면서, 그리고 이름 모를 생물들의 생명을 앗아가면서 우리를 위해(더 정확히 말해서 도시민을 위해) 생명수를 공급함을 인식해야 한다. 그러니 감사할 수밖에. 거룩함은 일반적으로 사랑의 충만과 하느님의 모상 imago Dei을 회복하는 존재론적 변화를 일컫는다. 그렇다면, 하느님과 이웃을 사랑하고 더 나아가 자연을 사랑하는 일 또한 성결한 신자의 모습일 것이다. 성결한 신자는 우리 신앙의 뿌리가 자연(nature는 '자연'과 인간 '본성'을 의미하는 이중적 의미가 있다)이라는 사유를 통해 에덴의 성수聖水를 기억하며, 물을 통한 생태적 감수성과 생태적 도덕감道德感을 품어야 한다.

    이제 한국교회는 개인과 사회의 거룩함에서, 지구와 '우주적 거룩함'로 가야할 시점에 놓여 있다. 우주적 거룩함을 논하려면 우리 모두가 고인 물이 되어서는 안 될 것이다. 높은 곳에서 낮은 곳으로 자연스럽게 흘러가는 물에서 낮고 겸손한 모습을 배워야 한다. 그것은 곧 나아만의 정결례(2열왕 5장 참조)처럼 하느님의 거룩하심에 끊임없이 우리를 비추어 보는 통전적인 생태적 성찰을 요하는 일이라고 생각한다.

9
우리의 몸은 바람의 숨결에 춤춘다!

과학자들에 따르면, 현재 우리가 아는 92개의 화학원소 중에서 6개가 생물조직의 거의 99%를 차지하는데, 그중 산소가 무려 70%를 차지하고, 그 다음으로 탄소 18%, 수소 10.5%, 질소 0.3%, 유황 0.05%, 인 0.04% 순이라고 한다. 그뿐만 아니라 지구의 대기는 질소가 78%, 산소가 21%로 이루어져 있다. 이 수치는 인간의 몸 조직에서 산소의 중요성과 우리가 들이마시는 산소가 생존과 직결됨을 알게 해준다. 우리 몸은 단 5분이라도 산소를 들이마시지 않고는 견뎌낼 재간이 없다. 우리가 하루에 섭취하는 공기의 양은 13-15kg 정도라고 하는데, 정작 우리가 사는 도시의 대기환경은 산업이 발달할수록 심각해지고 있다.

21세기 사회학을 선도하는 독일의 사회학자 울리히 벡U. Beck은 근대산업사회가 '위험사회risk society'를 가져왔다고 비판한다. 산업사회는 공장의 연기굴뚝을 연상시킨다. 학자들의 일치된 견해에 따르면, 지구의 환경오염은 산업사회 이후에 급격하게 발생한 현상이라고 본다. 특히 인간에게는 공기 즉 산소를 흡입하지 않고서는 한시도 생명을 이어갈 수 없다는 치명적 약점이 있다. 그럼에도, 인간은 이 지구의 공기를 끊임없이 더럽혀 왔다.

공기의 오염은 공장이나 발전소, 자동차(대기오염의 80%가 자동차의 배기가스, 특히 아황산가스)가 주원인이다. 이 같은 오염원은 인간에게 호흡기 질환을 비롯하여 눈병, 폐렴, 백혈병, 암을 일으킬 뿐만 아니라, 인간과 동식물에게 심각한 질병을 초래하는 자외선을 차단해 주는 오존층O_3을 파괴한다. 오존층이 파괴되면 피부암, 호흡기 질환, 농작물 피해 등을 발생할 수 있다. 이러한 피해 양상은 개인뿐만 아니라 사회적 구조, 지구적 구조에까지 영향을 미치기도 한다. 그렇게 된다면 공기의 질은 날이 갈수록 나빠지고 우리의 영혼은 맑은 공기로 호흡할 수 없는 지경에 이르고 말 것이다.

성서에서 공기와 밀접한 관계가 있는 호흡, 숨, 바람을 일컫는 히브리어는 루아흐ruach이며, 그리스어로는 프네우마pneuma라고 한다. 히브리 민족은 인간의 들숨과 날숨이 그냥 이루어지는 것이 아님을 일찌감치 깨달았던 모양이다. 창세기 기자에 따르면, 인간의 생명은 '거룩한 숨'에 달려 있다고 보았다. 하느님의 영은 창조의 영으로서 모든 피조물의 삶을 지속시키는 '하느님의 숨'이라고 인식했다. 즉 인간은 하느님의 기운(the breath of life, 창세 2:7)으로 연명한다는 것이다. 하느님의 영은 모든 존재에게 생명을 불어넣은 숨(창세 1:2; 시편 104:29 - 30)이며, 또한 모든 생명체에게 구원과 힘을 가져다주는 치유의 바람(요한 3:6; 이사 2:1 - 4) 등으로 묘사된다. 현실적으로 자연이 오용되고 상처받는 한 그것이 동시에 영으로서의 하느님이 아픔과 상처가 될 수 있다고 주장하는 이른바 '생태학적 성령론 Ecological Pneumatology'이 있다. 생태학적 성령론은 인간 및 자연 공동체 내의 고통과 분리를 치유함으로써 모든 삶의 형식들을 개혁하고

갱신함을 목적으로 한다.(말라 4:2 참조)

이러한 사실은 히브리 민족뿐만 아니라 그리스 철학자들도 잘 간파하고 있었다. 아낙시메네스Anaximenes(585 - 528 BC)는 공기가 만물의 원리(아르케, arche)라고 하였고, 엠페도클레스Empedokles(492 - 432 BC)도 우주가 흙[地], 물[水], 불[火], 공기[風]로 이루어졌다고 주장했다. 플라톤Platon(427 - 347 BC)과 아리스토텔레스Aristoteles(384 - 322 BC)도 이러한 네 가지 실체가 서로 만나서 만물이 생성 변화한다고 했다. 공기는 여러 가지 원소로 이루어져 있는데, 그중 인간에게 가장 필요한 원소는 산소O_2이다. 잘 아는 대로 이 산소oxygen는 식물이 태양 에너지로 광합성 작용을 하면서 생긴 노폐물의 결과이다. 이 산소의 1차 소비자는 인간을 비롯한 동물들, 심지어 세균류들이다. 우리 몸은 15조 개에 달하는 세포에 헤모글로빈hemoglobin이 각각 산소를 전달하도록 훌륭하게 설계되어 있다.

이렇게 중요한 산소를 생산하는 곳이 숲 혹은 열대림이다. 숲이 우리를 살리는 것이다. 그런데 가까운 땅, 우리나라의 백두대간의 숲들이 사라져가고 있다. 골프장 건설, 도로신설 및 확장, 관광지 위락시설확충, 택지개발 등의 핑계로 말이다. 뿐만 아니라 전 세계 산소 생산의 1/4을 차지해서 '지구의 허파'라고 불리는 중남미 아마존 열대 우림이 매년 우리나라 면적의 4/5 정도가 경제발전이라는 구실로 사라진다고 한다(열대 우림은 인간의 질병을 치료하는 데 약재로 사용할 수 있는 희귀식물이 대거 분포한 곳이기도 하다). 그로 말미암아 지구 규모의 기후에 영향을 주어 열순환의 변화가 생기는 이외에 광합성 부족으로 대기 속 산소가 부족하게 되고 이산화탄소의 농도는 증가하게 된다. 이것은 곧 온난화 현상의 원인이 되어 지구가 더워져서 빙

하가 녹아내려 해수면이 높아지게 만든다. 해수면이 높아진다는 것은 해변의 도시와 섬들이 물에 잠긴다는 것을 의미한다. 물론, 세계적 기후변동(엘리뇨와 라니냐, 엄청난 규모의 태풍과 혹독한 빙하시대)을 가져올 가능성이 있어 전체 생물의 생존에도 위기를 가져올 수 있다.

따라서 지금 우리의 몸은 하느님의 루아흐가 필요하다. 루아흐는 여성명사이다. 우리 자신뿐 아니라 지구 곳곳은 여성의 모성적 치유 손길이 필요한 것이다. 치유는 하느님의 영을 통한 인간과 우주를 위한 하느님의 일하심, 하느님의 역사이다. 그러나 오늘날 인간은 자신뿐만 아니라 사회, 지구의 치유를 위해서 인간 때문에 상처 난 자연환경의 복구를 병행해야 한다. 왜냐하면, 현대 미학자들이 말하는 바와 같이, 아름다운 자연이야말로 인간을 치유하는 능력을 지녔기 때문이다.

치유는 신자가 하느님의 보호로 항상 건강하게 지내는 것과 또는 병들었을 때 하느님께 기도함으로 나음을 얻은 것을 가리킴이니 이 은사는 우리 육신을 안전케 하는 복음이다. 웨슬리안에 의하면, 치유란 인간의 육체가 건강해지고, 질병에서 해방되는 삶을 일컫는다고 볼 수 있다. 그러나 위와 같은 치유의 삶이 온전히 지속되려면 현대를 살아가는 우리의 생활이 근본적으로 자연 친화적 삶이 되어야만 한다. 현대인이 지닌 대부분의 질병은 반생태적 문제에서 기인한다. 잘못된 먹거리 때문에, 자연의 리듬에 맞추어 살지 않고 자본의 리듬에 맞춘 삶 때문에 생체리듬이 파괴되어 치명적 질병을 일으킬 수 있다.

그리고 보면 인간의 질병은 자연에게 끼친 해악을 고스란히 되돌려 받는 것이다. 우리가 자신의 죄성을 인식하고 회개해야만 치유 체험을 할 수 있다고 본다면, 이제는 자연을 치유해야만 종국에는 우리 자신이 통전적으로 치유될 수가 있다. 이것은 그리스도의 십자가 사건이 말해주는 사랑을 먼저 깨달아야 하는데, 이 사건의 의미론적 해석은 그리스도가 인류의 구주일 뿐만 아니라 우주적 그리스도임을 드러내준다. 그리스도의 십자가 사건은 하느님과 인간뿐 아니라 인간과 자연의 화해와 치유가 이루어졌음을 알게 해준다. 그런 의미에서 폴 틸리히Paul Tillich(1886-1965)가 '구원'을 뜻하는 라틴어 salvus가 '치유healing'를 의미한다고 보았던 것은 올바른 통찰이었다.

호흡respiration은 우리의 육체와 무한한 우주 공간을 연결시켜 주는 유일한 끈이기도 하다. 숨을 들이쉬면서 우주 공간의 한 부분을 몸 안으로 받아들이고, 숨을 내쉬면서 몸 안의 한 부분을 우주 공간의 한쪽으로 배출하는 것이다. 이러한 우주의 생명(력)에 관한 들숨 날숨을 명쾌하게 풀어주는 철학자 가스통 바슐라르G. Bachelard(1884-1962)는 다음과 같이 말한다. "삶vie이란 단어는 들숨의 단어요, 영혼이라는 단어는 날숨의 단어이다. 가슴 깊이 들이마셔지는 것, 그것은 익명의 공기가 아니라 삶이라는 단어이며, 우주를 향해 천천히 되돌려 내놓는 것, 그것은 영혼이라는 단어이다."

들숨 날숨만 잘 해도 최고의 명약이다. 우리의 건강은 우주의 생명력을 들이마시고 내뱉는 심오한 호흡에 달려 있다. 그런데 이 들숨 날숨을 잘하려면 교회가 결단을 내려야 한다. 먼 거리에서 교회를 다니는 신자는 가급적이면 집 가까운 교회에서 신앙생활을 하든지 아니면 대중교통을 이용하고, 굳이 멀리 교회를 다녀야한다면 카풀제도를 실시하는 지혜를 발휘해야 하며, 환경을 생각하여 자전거 타고 교회 가는 주일을 만드는 사목자의 결단과 생태적 사목이 필요하다고 생각한다.(그리스도인이 주일마저 자동차를 이용한다면 365일 자동차 이용으로 에너지를 소비하고 오염원을 제공한다고 말하면 억측일까?) 그것은 하느님께서 우리에게 주신 건강을 잘 지켜 나가는 개인의 치유와 자연을 위한 통전적 치유에 앞장서는 건강한 교회가 되는 지름길이기도 하다.

따라서 한국교회가 레이첼 카슨Rachel Carson(1907-1964)이 말한 것처럼 "아파트 한 모퉁이를 휘감아 도는 바람의 목소리에서 신비를 느낄 수" 있다면, 개인의 치유뿐만 아니라 사회적, 지구적, 우주적 치유에도 앞장서는 생태적 기수가 될 수 있으리라 본다.

10
공기와 몸신학

어느 자동차 주인이 구두와 옷을 다 버려가며 차를 깨끗이 세차하여 세워두었다. 그런데 지나가던 까치들이 그 위에 똥을 싸 차가 더러워졌다. 자동차 주인은 얼굴이 벌개져서 소리쳤다. "나쁜 놈의 까치들! 모두 엽총으로 잡아버릴까 보다." 까치들이 한 마디 했다. "자동차 매연 때문에 우리가 배탈 나서 그리된 거요."

이 우스갯소리는 까치들의 항변이다. 어쩌면 대기의 바람을 가르며 창공을 자유로이 날아다니는 까치들이야말로 대기오염에 치명적 영향을 받을지 모른다. 더구나 대기오염의 영향권에 인간이라고 예외일 수는 없다. 1997년 WHO는 세계적으로 연간 사망자의 5%에 해당하는 약 300만 명이 대기오염으로 사망한다고 추정했다. 또한 1999년에는 천식의 30-40%, 모든 호흡기 환자의 20-30%가 대기오염과 관련된다고 추정했다. 우리나라도 1988년 올림픽을 계기로 가정 난방의 많은 부분이 도시 가스로 대체되면서 아황산가스 농도는 급격히 감소하였다. 그러나 1990년대에 들어서면서 급속도로 증가한 자동차 때문에 이산화탄소, 오존, VOCs(Volatile Organic Compounds: 휘발성 유기 화합물)의 위험성은 계속해서 증가하고 있다.

이와 같은 대기오염의 주원인은 자동차에서 나오는 배기가스이지만, 정작 사람자체가 주원인이라고 볼 수 있다. 현재 지구의 인구는 포화상태이기 때문에 그만큼 환경오염도 심각한 것이다. 편리를 추구하는 인간의 의식은 심지어 인간(여성)을 단순히 미래 노동력을 생산해내는 수단으로까지 인식한다. 그래서 정부는 장기간 유아 저출산이 지속되면 경제성장과 국가 존폐에 관한 위기가 온다고 운운하곤 한다. 그러나 정작 국가와 지구의 미래를 고려한다면 저출산이 문제가 아니다. 오히려 어떻게 인간 자신이 인구를 조절하여 지구가 감당할 수 있는 만큼의 지속 가능한 삶의 질을 가져올 수 있느냐고 물어야 할 것이다.

따라서 현시점에서 인간의 미래는 공기의 질에 달려 있다고 해도 과언은 아니다. 공기의 질은 삶의 질이기 때문이다. 그래서 바람의 에너지는 생명의 에너지이다. 자고로 중국에서는 바람을 기氣, 인도에서는 프라나prana, 나바호족 주민들은 닐치이nillchi'i, 티베트에서는 룽lung, 그리스인은 프네우마pneuma(중성), 로마인은 스피리투스spiritus(남성), 히브리인은 루아흐ruach(여성)라고 했다.

이렇듯 모든 문화권에서 바람은 생명의 가장 여린 숨결로 간주된다. 그러므로 거룩한 바람이 우리를 살린다(요한 4:24, 6:63, 3:34). 생명의 숨결이신 하느님께서 창조세계와 인류 사이의 깨진 관계에 대한 하느님의 치유 과정에 참여하신다. 마찬가지로 그리스도인들도 타자인 자연의 상처와 고통을 나의 상처와 고통으로 인식하며 하느님의 치유 사건에 동참해야 할 것이다. 이것은 최초의 신분인 하느님의 모상imago Dei을 회복하는 것이다.

회복을 경험한 그리스도인은 무정형의 공기 미학적 시각을 견지하게 된다. 바람이 불고 싶은 대로 불듯이, 욕망에 사로잡힌 인간에서 벗어나 '무소유의 미학'을 갖게 한다. 공기를 통해 우리는 무소유를 배우고 하느님의 은총을 누리는 존재임을 깨닫는다. 가스통 바슐라르G. Bachelard(1884 - 1962)에 따르면, 공기의 가벼움은 하늘로의 상승을 희망한다. 무겁게 짓누르는 우리의 육적 욕망과 동물적 본성은 바람spirit으로 치유되고 우리의 경직된 영혼은 공기의 부드러움으로 회복된다. 이와 같이 우리 그리스도인은 공기의 정신화, 바람의 영화靈化된 시선, 공기에 대한 거룩한 상상력이 필요하다.

치유divine healing는 병든 우리의 영혼과 육체를 하느님께 의탁하고 내어 맡김Gelassenheit의 신앙이다. 그러나 오늘날 우리는 그분에게 자신을 내어 맡기기보다는 나의 생명을 유지하려고 동식물의 생명을 의학 임상용으로, 마구잡이식 건강식품으로, 신약新藥 개발을 위한 특작식물(특허식물)이라는 수단으로 이용한다. 그와 같은 이기적 신앙과 행동은 진정 신유를 바라는 그리스도인의 참모습은 아닐 것이다. 치유는 자신의 내어줌, 내어 맡김에서 피어나는 하느님의 치유, 하느님의 사건이다. 그래서 치유는 너 죽고 나 살자는 식의 이기적 욕망이 아니라 너도 살고 나도 살자는 공생과 공존의 신앙이다. '네가 살아야만' 내가 살 수 있다는 생명과 삶의 신비, 비밀을 공유하는 것이다.

독일어 '비밀Geheimnis'이라는 말에는 '고향Heim'이라는 의미도 함축되어 있다. 생명의 목적과 생명이 궁극적으로 돌아갈 고향, 그 비밀은 하느님이다. 하느님에게서 나온 생명을 수단으로 생각하는 신자가 생명을 연장하고 건강을 유지한들 무슨 의미가 있겠는가. 토마스 아퀴나스Thomas Aquinas(1224 - 1274)의 경과목적proximate end에 근거해서 말한다면, 어쩌면 우리는 그저 삶과 생명이라는 선善을 위해, 하위 포식자의 생명을 얻어(죽여), 살아갈 수밖에 없는 악惡이 아닐까. 그래서 신유는 육체의 건강뿐 아니라 마음과 영혼, 의식의 건강함을 통칭하는 말이기도 하다.(3요한 1:2 참조)

우리는 오늘날 지나칠 정도로 몸(육체)의 건강이나 장수에 관심을 둔다. 그러면서 마음, 영혼, 의식, 이성 등을 살찌우는 것보다 몸 가꾸기에 여념 없는 것 같다. 얼마 전 황우석 교수의 연구 성과는 가히 인간 생물학의 코페르니쿠스적 전회라 할 수 있다. 그럼에도, 그것이 인류 문명의 청사진 즉 인간의 육체뿐만 아니라 의식, 정신, 영혼의 건강과 직결된다고 단정 지을 수는 없다. 이미 판도라의 상자에서 '희망'마저 사라졌는지 모른다. 인간의 몸에 대한 집착은 자연환경뿐만 아니라 신의 의지마저 좌지우지하기 때문이다. 그러나 한 가지 기억해야 할 것은 치유란 영생이 아니라는 점이다. 그래서 칼 라너Karl Rahner(1904-1984)는 "현대의 과학과 기술을 지닌 인간은 필연적으로, 불가피하게 덜 인간적이고 덜 윤리적인 인간으로 될 수밖에 없다"고 말했다. 의학과 과학이 인류의 건강과 장수에 큰 영향을 미친 것은 사실이다. 그러나 의학과 과학이 윤리와 도덕이 배제된 채 상품화된 도구가 되어버린다면 오히려 인간의 미래에 재앙이 될 수 있다.

이제 우리의 기도는 경제적 치유, 우주적 치유를 위한 믿음의 기도여야 할 것이다. 하느님의 일하심이 생태학적 성령, 치유하시는 하느님의 능력으로 나타나도록 말이다. 치유는 궁극적으로 그리스도인의 영혼뿐만 아니라 육체까지도 온전하며 새로운 존재new being가 되기 위한 것이다. 이 새로운 존재로의 변화는 예수의 십자가 사건을 통한 구원에서 확증되었다. 죄에서의 구원뿐 아니라 육체의 질병까지도 담당하신 사건은, 우주적 구원이라는 관점에서 보면, 십자가 사건, 즉 예수의 십자가의 고통을 통한 인류의 구원은 전 지구적 고통, 우주적 고통, 소외된 피조물의 고통을 감싸 안은 치유의 사건, 회복의 사건이기도 하다. 그러므로 우리의 궁극적 치유는 하느님과 자연에게 감사하며 사랑하는 데에서 치유의 역사가 이루어진다고 볼 수 있다.

인간의 질병은 죄에서 비롯된다. 인간의 실존적 죄, 자연에게 범한 죄를 회개할 때 우리의 전일적holistic 구원, 즉 거룩함holiness의 구원이 가능할 것이다. 그러므로 필자는 치유가 회복과 관계의 언어 그리고 그에 근거한 삶이 되도록 웨슬리안 교리의 신앙원리 혹은 웨슬리안 교리의 생태적 원리를 발견하라고 말하고 싶다. 특히 치유란 하느님의 영으로 말미암은 인간 자신의 치유뿐 아니라 생명의 영이신 하느님의 지구 치유의 역사를 일컫는 치유의 힘이라는 점을 인식해야 할 것이다. 치유는 인간과 자연의 모든 취패臭敗함에서의 해방이다.

치유의 영성은 거룩한 바람이다. 19세기 중엽 수콰미쉬족 추장 시애틀이 피어슨 대통령에게 보낸 다음과 같은 편지는 이를 잘 반영한다. "북아프리카 인디언은 한낮의 비로 씻기고 소나무 향기 나는 부드러운 바람소리를 더 좋아합니다. 공기는 인디언에게 아주 소중합니다. 짐승과 나무와 인간들이 똑같이 숨 쉬는 것이기 때문입니다. 백인들은 자기들이 들이마시는 공기의 중요성을 깨닫지 못하는 것 같습니다. 그들은 오랫동안 죽을병에 걸려 신음하는 사람들처럼 냄새를 맡지 못합니다." 신성한 바람, 거룩한 영으로 호흡하며 "우리에게는 이 땅의 모든 것이 신성하다"라고 했던 시애틀 추장의 소리가 우리 그리스도인 자신의 몸치유와 우주적 치유를 위한 화두가 되었으면 하는 바람이다.

프리드리히 니체F. W. Nietzsche(1844 – 1900)는 "우리 주위에는 신비적인 것이 감돌고 있다. 생의 순간이 우리에게 무엇인가 말을 하고자 한다. 그러나 우리는 이 신비의 음성을 들으려 하지 않는다"라고 말했다. 지금 여기에서 우리가 영혼과 자연이 어우러진 생명의 소리를 듣는다면 교회의 새로운 치유의 역사가 열릴 것이다.

11
불의 수사학과 잊혀가는 재림 담론의 실천

웨슬리안은, "구약성경의 예언의 중심이 그리스도의 수육탄생受肉誕生이라면 신약성경의 중심은 그리스도의 재림이라 할 수 있나니 우리는 공중재림(1데살 4:16-18)과 지상재림(사도 11:11)을 믿는다. 요한묵시록은 다시 오심을 전적으로 계시한 성경으로 마지막에 "내가 곧 가겠다"고 한 말씀이 세 번이나 거듭 기록되었다(묵시 22:7,12,20). 다시 오심은 신앙생활의 요소이며(1데살 3:13) 소명이요(1데살 2:19-20) 경성이 된다"(마태 24:44, 25:13)라고 말한다. 웨슬리안 신앙지표에서 다시 오심이라는 신앙적 삶을 잘 요약해주는 말이라 볼 수 있다. 문제는 웨슬리안 교리의 골자라 할 다시 오심의 삶, 다시 오심의 신앙이 단지 미래의 현실적 사건으로만이 아니라 '오늘 여기서 어떻게 이루어 가는가'이다.

오늘날 다시 오심의 신앙은 그리스도인들에게 '경성'이 된다고 했지만, 현실적으로 무뎌지다 못해 '잊혀 가는' 한낱 수사학적 용어로 전락해버렸다는 인상을 지울 수가 없다. 그러므로 한국교회의 다시 오심의 언어, 종말의 언어가 미래의 현실과 희망으로 나타나려면 다시 오심의 신앙은 현실에 기초해야 한다고 본다. 현실에 기초한다는 것은 미래의 다시 오심parousia을 무시한다는 것이 아니라 현실을 터 삼아야 미래에 있을 재림의 터topos가 가능함을 말하는 것이다. 종말론적인 재림의 터는 추상적 시공간이 아니라 우리의 구체적인 삶의 터전, 곧 땅과 하늘이다. 땅과 하늘의 존재를 배제하고 예수의 다시 오심을 이야기 할 수 없다. 땅과 하늘은 그분의 현현 장소이다.

성서는 예수가 다만 개인을 위해 이 세상에 오신 것이 아니라 온 인류와 우주 만물을 새롭게 하시려고 십자가에서 죽으셨다가 부활하셨으며 장차 다시 오실 것임을 누누이 강조한다. 그런 의미에서 교회는 종말론적 공동체로 살아가야 한다. 그분의 기다림[다시 오심]을 고대하는 공동체는 하느님 나라의 평화를 증거하고 삶으로 드러내는 공동체이다. 다시 말해서 종말론적 교회 공동체는 이 땅에서 인간과 자연의 코이노니아가 실현되도록 노력하는 공동체이다. 이러한 실천이 담보되지 않는 한 종말은 단순히 파괴와 무상에 지나지 않을 것이다. 왜냐하면, 궁극적 구원이 인간에게만 해당된다는 인간중심주의적 관념으로 흐를 때, 하느님의 전 우주적 구원은 의미가 없기 때문이다.

예수의 다시 오심은 이미 현존하고 있다(루가 17:21 참조). 비록 그분의 똑같은 방식의 현존par-ousia이 아닐지라도 우리는 '이미'와 '아직Schon, aber noch nicht' 사이의 종말론적 긴장을 지니고 이 세상에 헌신해야 한다. 어쩌면 종말론적 희망과 기다림은 단순히 초월적인 것도 미래적인 것만도 아닐 것이다. 그분께서 이 땅에 다시 오심의 목적이 파괴가 아닌 새 하늘 새 땅으로의 변혁을 의미한다면 미래의 궁극적인 하느님 나라는 현재와의 관계에서 고려되어야만 한다. 왜냐하면, 우리는 이미 '주님께서 가르쳐 주신 기도'를 통해 매일 '아버지의 뜻이 하늘에서와 같이 땅에서도 이루어지게 하소서'라고 기도하기 때문이다.

문제는 이 땅의 현실이다. 이 땅의 현실을 묵과하면서 종말론적 희망을 품고 산다는 것이 그리스도인에게 사치로 인식될 수 있기 때문이다. 땅을 황폐시키다 못해 지구의 생명과 아름다움을 모두 사라지게 만들 수 있는 '핵nuclear'이 우리의 존재와 자연을 위협한다. 우리가 기억하다시피 미국은 1945년 8월 6일과 9일에 각각 일본 히로시마와 나가사키에 원자폭탄을 투하함으로써 많은 사상자를 냈고, 지금도 그 후유증으로 고통 받는 사람들이 있다. 그 이후로 지구촌 각 나라는 자국의 안보를 위한다는 구실로 앞 다퉈 핵폭탄을 개발하는 데 조금도 주저하지 않기에 여전히 핵전쟁에 대한 공포는 남아 있을 수밖에 없다.

원자폭탄은 우라늄이나 플루토늄의 원자핵이 분열할 때 내뿜는 에너지를 이용한 폭탄이다. 물론, 핵이 인명살상을 위한 도구로만 이용되는 것은 아니다. 현대 문명의 에너지 중심에 서 있다고 해도 과언이 아닐 정도로 핵원료를 이용한 원자력 에너지는 인간의 문명과 문화를 윤택하게 한 것은 사실이다. 그러나 일본에 원자폭탄이 투하된 40여 년 후인 1986년 4월 26일, 우크라이나의 체르노빌 원자력발전소에서 원자로가 폭발하는 대형사건이 발생했다. 이 사고로 사망한 사람이 무려 3만 명에 달했다. 그러나 사고가 난지 5년 후의 공식 통계에 따르면 방사능(우라늄 원자핵이 분열할 때 생김)에 노출된 사람은 57만 6천여 명이었다. 이런 사람들은 암을 비롯하여 그밖에 다른 질환에 걸릴 확률이 정상적인 사람에 비하여 매우 높다. 뿐만 아니라 사고가 난 지역의 땅 전체는 오염되어서 풀에 누울 수도 없거니와 그 지역의 풀을 뜯어먹고 자란 젖소의 우유마저도 마실 수 없는 환경이 되었다.

원자력 발전소는 인간의 문명이 발달하면서 불가피하게 증가된 에너지 문제를 해소하고 원활하게 공급하기 위한 것이었다. 원자력 발전소는 우라늄이라는 금속을 이용해서 전기를 만드는데, 우라늄을 이루는 아주 작은 알맹이인 원자에 중성자를 충돌시키면 원자가 쪼개지면서 많은 양의 에너지가 발생한다. 그런데 우라늄이 쪼개지는 과정에서 발생하는 방사능은 극소량이라 할지라도 사람을 죽일 수 있는 매우 치명적 물질이다. 더욱 문제되는 것은 원자력 발전소를 가동하면서 나오는 쓰레기, 곧 방사능 폐기물의 완전한 처리란 있을 수가 없을 뿐 아니라 처리를 한다 해도 다만 핵폐기물을 안전하게 포장하여 저장할 뿐이라는 것이다. 핵발전소 가동을 위해 사용한 물을 인근의 강이나 바다에 흘려보낼 때에는 생물이 살 수 없는 환경으로 변한다는 것 또한 문제이다. 이런 상황을 놓고 보면 원자력 에너지는 미래의 인류를 위한 대체 에너지가 될 수 없다는 것은 자명하다. 이미 원자력 에너지를 사용하던 선진국에서는 원자력 발전소 건설을 멈춘 상태이고 원자력 에너지에 대해 진지하게 검토함을 볼 때 우리나라도 대체 에너지 개발에 온힘을 쏟아야 될 것이다.

옛 어른들은 어린이가 불장난을 하면 밤에 오줌을 싼다는 말로 충고했다. 그만큼 불은 금기로 여겼다. 인간의 프로메테우스적 교만은 예나 지금이나 변함없음을 증명하는 불의 수사학적 표현이 아닐까 생각을 한다. 불은 자연적 존재이기도 하지만, 문화적 존재이기도 하다. 앞서 말한바와 같이 불은 현대 문명의 꽃이다. 불은 밤과 낮을 바꿔 놓고 밤이 낮이 되게 만든 인간의 첨단 에너지이다. 해가 넘어가도 여전히 불야성을 이루며, 낮과 같이 활동하면서 사람을 만나 대화하며 야식을 즐기고 야간 매장에 들러 쇼핑을 하는 것은 전부 불이 가져다준 문명의 이기이다. 그러나 바슐라르G Bachelard(1884-1962)적 언어로 말한다면, 불은 자칫하면 '분노의 불'이 될 수 있다. 달리 말해서 하느님의 심판의 불이 될 수도 있다. 불(핵에너지, 핵폭탄)이 지구 전체를 송두리째 날려 버릴 힘을 지녔다고 해서 자연의 종말을 그리스도교의 묵시적 종말과 동일시하는 것은 아니다. 그러나 분명한 것은 그것을 똑같이 여기도록 하는 징조와 징후들이 나타난다는 사실이다.

이 상황에서 불이 파괴의 표상이 되지 않으려면 어떻게 해야 할 것인가를 다시 오심의 신앙을 지닌 한국교회가 고민해야 할 과제라고 생각한다. 불이 인간의 미래를 불투명하게 하면서, 사회적·지구적 무책임성의 파루시아를 통해 그리스도인은 다시 오심의 방관자가 되는 듯하다. 동시에 다시 오심의 신앙을 기다림의 영성, 설렘의 영성이 아니라 좌절, 포기, 폭력, 죽음의 언어로 바꿔놓고 있다. 그러고 보면 한국교회의 다시 오심의 영성, 다시 오심의 언어는 잊힌 언어, 생동감 없는 언어가 되는지도 모른다. '이미와 아직' 사이의 '이미already'의 신앙적 책임성, 의무를 망각하고 무지와 안일함의 '아직not yet'을 기다리고 있다. 그러나 아직은 이미 도래한 종말, 하느님 나라를 잘 보전하고 실현할 때, 아직이라는 미래가 선취될 수 있다고 생각한다.

잊혀 가고, 어쩌면 잊힌 언어가 되어버린 다시 오심의 신앙적 삶이 역동적이고 오늘 여기에서 의미 있음이 되려면 오늘 여기에서 경험하고 준비하는 묵시적 영성이 필요하다. 이 묵시적 영성은 오늘 우리가 기다리는 파루시아를, 내일의 후손에게도 가능성과 희망으로 다가오게 하는 신앙적 정서와 실천이다. 그것을 오늘 여기에서 날마다 깨달으면서 구원의 존재들과 함께 고대해야 한다. 그러려면 지구(땅)를 수차례나 동강낼 수 있는 핵을 거부하며 새로운 삶을 고민해야 하리라 본다. 무엇보다도 생태영성적 차원에서 모두가 에너지를 절약하는 것이다. 에너지를 절약하도록 교회가 생태건축을 통해 예배 공간을 자연채광과 통풍이 잘 되게 짓는 방안을 모색하는 것도 중요하다. 식당도 그리 어둡지 않다면 굳이 식사할 때 모든 전기를 다 사용할 필요도 없을 것이다. 조금 불편하고, 조금 더럽고, 조금 어두우며, 조금 느리며, 조금 덜 먹는다면 불은 시와 찬미로 다가올 것이다. 또한 소비로 현실을 도피하지 말고, 가난과 단순함으로 그분을 맞이하며 현재를 사는 그리스도인이 된다면 하느님 나라를 지금 여기에서 차지하게 될 것이다.(루가 6:20 참조)

12
다시 오심의 영성, 다시 거룩함을 통한 희망으로!

프랑스의 유명한 시인 보들레르Charles-Pierre Baudelaire(1821-1867)는 "자연은 살아 있는 기둥들에서 때때로 어렴풋한 말들을 새어 보내는 하나의 신전"이라고 읊었다. 자연을 신전이라고까지 묘사한 보들레르가 아니라 할지라도 매일매일 접하는 자연은 인간에게 신비로 다가온다. 그런 자연이 인간의 불꽃같은 욕망으로 상처투성이가 되어 고통의 신음을 내뱉고 있다. 불은 인간의 욕망처럼 위로 상승한다. 이러한 불은 공교롭게도 지옥의 대명사로 불린다는 것은 누구나 다 아는 사실이다. 불은 종종 인간이 지닌 희망을 사르고 영원한 죽음으로 이끄는 지옥의 불이 된다. 그런데 지옥hell으로 번역되는 구약의 셰올sheol, 신약의 하데스hades 혹은 게헨나gehenna는 원래 이교도의 신이었던 '몰록'에게 사람을 산 채로 불에 태워 제물을 바치던 장소(힌놈 골짜기)를 의미한다. 또한 우리가 잘 아는 타락한 천사 루시퍼는 '불을 가져오는 자'라는 의미를 지녔다. 이렇게 불이라는 메타포는 성서적, 신학적 의미에서 파괴, 분노, 증오, 형벌 등의 부정적 성격을 지녔으며, 동시에 정화, 진리, 광명과 같은 긍정적 이미지도 지녔다.

신화적 인물 프로메테우스가 인간에게 불을 선사한 이래로 인간은 자연의 질서를 지배하면서 풍요로운 삶을 영위해왔다. 그러나 인간이 자연을 지배한 결과는 오늘날 지구촌 곳곳에서 혹독한 재앙으로 다가오고 있다. 전쟁과 살상, 자연의 죽음, 태양 빛에 검게 그을린 메마른 대지, 기근의 고통, 바다의 분노 등은 우리가 이 땅에서 겪는 흡사 '지옥'과도 같은 현상이라 볼 수 있다.

현재 독일의 베네딕도 수도회 소속 신부이며, 저명한 영성 지도자인 안셀름 그륀A. Grün에 따르면 죄를 의미하는 그리스어 하마르티아 hamartia는 '과녁에서 빗나감', '고유한 자아에서 벗어나는 것'을 의미하는데, 하느님께서 우리에게 바라시는 삶에서 벗어나는 것을 말한다. 오늘날 하느님께서 인간에게 바라는 삶이란 자연과 인간이 조화를 이루는 삶, 타자를 착취하거나 파괴하지 않고 공존하는 삶, 자연을 아프게 하면 인간도 고통당할 수밖에 없다는 것을 깨닫는 삶, 자연을 잘 관리하며 보전하는 청지기적 삶이라고 생각한다.

이와 같은 삶을 위해서 우리는 '다시 오심의 영성'을 강화할 필요가 있다. 다시 오심의 영성은 영혼의 구원, 영혼의 생명을 꿈꾸는 현실을 반영하는 신앙이다. 예수의 다시 오심은 생명의 부활과 더불어 그분과 영원히 살 것이라는 희망이 된다. 그러나 그러한 생명에의 의지(혹은 영혼의 생명에의 의지, Wille zum Leib)는 비단 인간에게만 한정되지 않는다. 모든 피조물이 희망의 언저리에 턱을 내밀고 궁극적 구원을 바라기 때문이다.(로마 8:18-25) 현재의 고통은 구원을 대망하기 마련이다. 고통의 인식, 고통의 삶, 고통 받는 피조물을 바라봄은 이 땅의 거룩함을 위해 그리스도의 궁극적 도래를 소망할 뿐만 아니라 이 땅을 거룩한 곳으로 만들도록 역사 안에서 책임윤리를 지닌 신자로서 투신하게 만든다.

그래서 필자의 스승이신 전헌호 신부는 '고통은 우리에게 스승이며, 지금 여기에서hic et nunc 그것을 통해 깨우치는 진리와 새로운 조망은 우리로 하여금 그분의 뜻에 따라 살아가도록 방향 지어준다'고 되뇌곤 하셨다. 고통이 인간 자신의 삶에서 현재의 나를 깨닫게 하고 자연 및 하느님과의 관계를 새롭게 정립하게 된다는 것이다. 모든 생태계가 인간으로 말미암아 고통 받고 아파하는 현실은 분명 인간 문명사의 위기라 볼 수 있다. 따라서 우리는 인간 자신의 위기를 극복하고 자연의 고통을 치유하도록 무엇보다도 먼저 '영성적 환경spiritual environment'을 개선해야 한다. 이는 환경을 보전하려면 생태영성적 언행이 선행되어야 함을 말한다. 특히 언어의 오염은 환경오염을 가중시키는 원인이 된다. 그리스도인이 다시 오심과 종말을 희망으로 고대하기보다는 부정적, 허무적, 냉소적, 비관적 언어로 인식하도록 만들기 때문이다.

그리스도인이 생태영성적이 되어야 한다는 것은 '거룩함을 회복'하는 것을 의미한다. 존 웨슬리J. Wesley 신부에 따르면, '거룩함은 종교 자체'이다. 거룩해야만 하느님 나라에 들어갈 자격을 얻는다. 우리의 인생의 목적지 하느님 나라, 그 노정이 성화의 길이라면 '영혼의 거룩함'은 본질적으로 '자연의 거룩함'을 실천해야 완전한 거룩함이라고 말할 수 있을 것이다. 그리고 보면 거룩함과 다시 오심은 단짝이다. 거룩함의 영성이 하느님과 이웃을 사랑하는 것이라면, 다시 오심의 영성은 더욱 통전적인 '관계의 회복'이다. 다시 말해서 다시 오심은 인간과 인간, 인간과 하느님, 인간과 자연의 아노미anomie를 회복하는 관계의 정의justice of relationship이다.

그런데 이러한 다시 오심의 영성의 궁극적 지표와 삶의 실천은 거룩함의 영성에서 찾아야 한다. 거룩함의 영성은 확장된 이웃으로서의 자연을 사랑하고 그 울부짖음에 귀 기울이는 생태신앙적 감성이다. 그러므로 다시 오심의 영성은 지금 여기에서 상처 난 자연을 치유하면서 우주적 혼돈을 새로운 질서로 변혁하실 그리스도를 기다리는 우주적 구원을 희망하는 것이며, 거룩함의 영성은 재림을 고대하는 인간이 자연과 인간의 관계 회복을 위해서 거룩으로 터를 닦는 책임적 태도이다.

웨슬리안의 교리는 우리의 삶을 통합하고 방향 지어 주는 영성이다. 태어남에서 죽음에 이르기까지 삶을 아우르는 웨슬리안의 영성의 정수인 거룩함은 지구의 종말을 대변하는 생태적 문제를 극복하며 하느님께서 바라시는 삶에 따라 살아가는 생태적 삶, 하느님 닮음 imitatio Dei이다. 웨슬리안의 영성은 '거듭남'의 새로운 마음과 눈으로 '거룩함'이라는 사랑의 생태적 실천에 목말라하는 자연에게 숨통을 트여주는 '치유'로 몸(전 지구)의 구원을 대망하는 '다시 오심'을 바라보는 데 있다.

피조물의 운명은 우리의 운명과 맥을 같이 한다.(로마 8:18-25) 같은 운명 공동체의 일원인 그리스도인에게는 지금 여기에서 자연 해방을 위해서 노력하는 자세가 다시 오심을 기다리는 능동적 행위이며 다시 오심이 희망이라는 것을 나타내는 지표가 될 것이다. 동시에 다시 오심이 한국교회의 주요 신앙 규범이 되려면 자연에 대한 그리스도인의 태도 변경, 의식 전환, 의식의 변화가 무엇보다 중요하다. 로마노 과르디니R. Guardini(1885-1968)가 말한 것처럼, "하느님이 우리에게 불어넣어 주시고, 우리 안에서 작용하시는 것, 우리가 느끼는 힘들을 신뢰"해야 한다. 그것은 미래를 소망으로 바라보는 것, 그리스도께서 이 땅과 이 하늘을 새롭게 하시리라는 믿음, 곧 다시 오심의 영성이라고 생각한다.

오늘날 생태적 문제는 한국 교회가 새롭게 풀어가야 할 과제이다. 특별히 그 숙제의 공식은 웨슬리안의 영성으로 가능할 수 있으리라 본다. 그뿐만 아니라 이제 그리스도인은 타오르는 욕망의 불꽃을 잠재우고, 비움, 가난함, 단순함 등을 다시 오심의 영성의 화두로 삼아야 한다. 이러한 다시 오심의 영성은 고통 가운데 인내하고 그리스도를 기다리며 우리에게 주어져 있는 현재의 은총을 피조물의 운명과 호흡하며(나누는), 후손을 위한 투자, 지구의 생명체를 배려하는 기업, 녹색영성을 사목적 지침으로 삼는 교회가 되어 인간과 자연을 생각하는 총체적·생태적 지혜를 발휘해야 한다. 게다가 다시 오심의 희망Hoffnung을 오늘 여기에서 선취하겠다는 용기Mut가 필요하다. 용기 있는 신앙이 절망을 희망으로 바꿀 수 있기 때문이다.

따라서 21세기 환경위기시대를 사는 교회에 사유하는 영성을 제시해줄 떼이야르 드 샤르댕Pierre Teilhard de Chardin(1881-1955)의 기도가 오늘 예수의 다시 오심을 희망하는 그리스도인의 마음 울림이 되어야 할 것이다. "영이시여, 불이시여, 다시 한 번 내려오시어 새로 만들어진 이 가냘픈 물질 덩어리에 혼을 불어넣어 주소서. 세상은 오늘 이 새로운 피조물로 새 단장을 할 것입니다. … 빛나는 '말씀', 불타오르는 '힘', 모든 것 안에 당신 자신의 숨결을 불어 넣어주시는 님이시여, 간구하오니 저희 위에 당신의 그 손을 얹어 주소서. 힘이 넘치시고, 자상하시며, 어디에나 계신 그 손, 저희 인간들의 손처럼 지금은 여기를 만졌다가 다음에는 저기를 만지는 식으로 하지 않으시고, 깊은 속과 전체, 현재와 과거를 만져 주시고, 저희를 싸고 있는 거대 세계와 저희 안의 가장 깊은 속을 한꺼번에 만져 주시는 그 손을 저희 위에 얹어 주소서." 아멘.

제2부

웨슬리안 전통의 영성과 신학적 미학

1
웨슬리안 전통과 미학적 인식의 가능성

웨슬리안의 교리와 아름다움. 언뜻 보기에 아름다움과 웨슬리안의 교리는 서로 관계없는 듯 보인다. 때문에 웨슬리안의 교리를 미학적 시각에서 바라보고 해석한다함은 더욱 생소한 감이 있을 것이다. 그래서 웨슬리안의 교리와 미학의 관련성을 짚어보기 전에 미학이라는 어원과 의미를 밝혀보겠다. 미학Aesthetics, 美學은 원래 '감각되는 것'이라는 의미의 그리스어 aisthesis에서 나온 말이다. 미학이라는 말을 처음 사용한 사람은 독일의 철학자 바움가르텐A. G. Baumgarten(1714-1762)으로 알려져 있다. 그는 그때까지 이성적 인식보다 저급한 것으로 생각되었던 감성적 인식의 학문을 철학의 한 부문으로 수립하고, 이것을 '에스테티카aesthetica'라고 하였다. 미학은 미적 대상에 대한 인간의 감각적 체험 혹은 감성적 체험을 일컫는 말이다. 다시 말해서 인간의 오감五感을 통해 인식된 대상의 미적 체험을 의미하는 것이다. 이미 오래 전부터 그리스도교는 인간의 미적 체험이야말로 신앙 체험이라고 생각해왔다. 그러므로 미학과 신학의 거리가 먼 것만도 아니다. 그런 점에서 웨슬리안의 교리는 미적 체험을 가능케 하는 신학적 교리, 그리스도인의 신학적 규준이다. 아니 "웨슬리안의 교리는 아름답다." 웨슬리안의 교리는 미 그 자체이신 하느님을 체험하게 하며 하느님 체험의 신학인 것이다.

하느님께서는 만물을 창조하시고 보시기에 참 좋았다고 말씀하셨다.(창세 1:31) 이는 하느님께서 만물을 선하고 아름다운 눈으로 바라보셨다는 의미가 담겨 있다. 마찬가지로 그리스도인이 아름다운 것은 인간이 하느님의 모상imago Dei을 가졌기 때문이다. 즉 인간이 최초의 예술가인 하느님의 모상을 회복하였기 때문이다.(유동식, 1922-) 웨슬리안의 교리는 바로 이러한 하느님의 모상을 회복하며 전인적 아름다운 인간을 지향한다. 그래서 "웨슬리안의 교리는 아름답다." 웨슬리안의 교리는 하느님의 미적 인식을 가능케 해 줄 뿐만 아니라 신자의 미적 가치를 표현한다고 볼 수 있다. 칼 바르트Karl Barth(1886-1968)는 모차르트Wolfgang Amadeus Mozart(1756-1791)의 음악에서 놀이의 극치를 듣는다고 고백하면서 그것을 아름다운 놀이, 어린이 같은 놀이라고 말한바 있다. 웨슬리안은 웨슬리안의 교리를 통해서 신앙의 아름다움, 그리스도인의 아름다움의 극치를 드러낸다.

원래 '아름다움'이라는 말의 본래 뜻은 '보다' 또는 '껴안을만하다'는 데서 유래했다. 신학적인 관점에서 보자면, 미란 하느님을 말없이 바라보며(觀想, contemplatio) 그를 편안히 안고 싶음을 느끼는 감정을 의미한다고 볼 수 있다. 그러니까 웨슬리안의 교리, 즉 거듭남, 거룩함, 치유, 다시 오심은 하느님을 아름답게 느끼는 신앙적 행위인 것이다. 거듭남을 통하여서는 '여백과 비움의 미학'을, 거룩함을 통하여서는 '숭고의 미학'을, 치유를 통하여서는 '희열과 난장의 미학'을, 다시 오심을 통하여서는 '설렘과 기다림의 미학'을 웨슬리안 교리의 본래적 아름다움과 하느님의 미적 체험을 묘사할 수 있을 것이다.

필자는 이러한 맥락에서 웨슬리안의 교리를 미학적 관점에서 재해석하고 오늘의 삶에서 의미로 드러나도록 몇 가지를 전제하고 출발하고자 한다. 첫째, 웨슬리안의 교리는 예술'적' 작품이라는 것이다. 여기에는 반론의 여지가 있을 수 있지만, 웨슬리안의 교리를 기술하고 설명한 모든 문헌 및 질료 - 교회법, 설교, 논문, 시, 음악 등 - 를 미적 작품이라고 주장하는 것이다. 이것은 그리스 철학자 아리스토텔레스Aristoteles(BCE 384 - 322)가 예술적 주제는 우리가 경험하는 모든 것이며, 그 소재와 무대는 인생의 전부라고 하였던 것처럼, 가지를 자르는 일에서부터 교육, 도덕을 세우는 일, 심지어 옷을 짜는 일이나 광산을 파는 일 등도 부조浮彫 만들기나 교향곡의 작곡과 별 차이가 없는 예술의 영역이라고 보는 것이다. 좀 더 부언하자면 우리가 하는 모든 일은 모든 것이 하나의 예술이며 우리가 경험하는 것 전부가 감상과 기쁨이라고 말한 어윈 에드만Irwin Edman(1896 - 1954)의 논지를 따른 것이다. 또한 우리가 예술작품을 통해서 자연, 인생, 선善 등을 통찰하듯이, 그리스도인은 웨슬리안 교리(의 신학)을 통해서 하느님께서 인간에게 깨우쳐주시는 인생의 의미와 윤리, 그리고 삶의 경험을 가능하게 한다는 것이다.

둘째, 웨슬리안의 교리를 통한 신앙적 체험은 미적 체험이라고 말하고 싶다. 웨슬리안의 교리는 하느님과의 신비적 체험을 가능케 하는 주제요, 체험의 결정체인데, 그 체험의 중심에는 하느님이라는 신적 존재, 즉 아름다움의 주체인 하느님이 있다는 말이다. 사실 미적 체험의 근원은 경이, 놀람, 경악에서 발생한다. 이는 초월적 존재와의 만남을 통한 경험적 현상 또는 감정을 의미한다. 바로 웨슬리안의 교리는 하느님의 초월성을 드러내며, 역사에서 하느님의 인간에 대한 계시 사건을 담고 있다는 점에서 미학적 해석학의 대상이라고 볼 수 있다.

발타자르Hans Urs von Balthasar(1905-1988)는 '미학이란 완전히 자유로운 하느님의 선물인 사랑이라는 영광을 신앙 안에서 지각하는 것'이라고 했다. 우리에게 하느님의 나타나심[美]은 진리와 선함의 불가분의 관계에 있다(공교롭게도 美라는 한자는 양[羊]이라는 뜻과 크다[大]는 뜻의 합성어이다). 그분의 희생과 자비, 헌신의 아름다움은 도덕과 진리의 나타남이다. 그래서 독일의 대문호 괴테Johann Wolfgang von Goethe와 쌍벽을 이룬 프리드리히 쉴러Johann Christoph Friedrich von Schiller(1759-1905)는 아름다운 영혼은 성격 자체가 도덕적이며 하나하나의 도덕적 행위는 곧 그의 본능의 만족이 된다고 했다. 일반적 의미에서 영혼이 아름답다, 혹은 아름다운 그리스도인이라 함은 도덕적 행위와 전혀 무관하지 않다는 것을 의미한다. 이와 반대로 아름다움과 대치된 개념은 추醜인데, 이는 신학적으로 보면 '죄'라는 의미와 일맥상통하는 개념이다. 아름다움 자체가 하느님이라면 하느님과 극의 개념은 죄이기 때문이다. 그러므로 추[죄]는 사람의 힘으로 극복할 수 있는 것이 아니라 하느님 스스로 아름다움을 만들며, 아름다움을 이루기 때문에 가능한 능력으로 나타난다.

하느님의 사랑을 자각한 인간은 하느님의 현현을 체험하며 그분의 희생과 헌신, 그리고 사랑을 느끼며 실천하는 자아가 된다. 웨슬리안의 전통을 통한 미 인식은 하느님의 지극한 사랑을 인식하는 데서 출발한다. 예수 그리스도의 죽음이 참혹함과 어둠, 부정을 상징하는 사건이 아니라 모든 부정을 긍정으로 반전시킨 대사건임을 인식하는 체험이야말로 아름다움 자체이신 하느님을 만나는 미적 경험이라고 말할 수 있을 것이다. 신앙은 이성적 사유를 통한 신의 인식이면서 동시에 감성적 체험을 통한 깨달음이다. 그런데 미의식 혹은 미적 체험은 바로 직관적 신의 인식을 의미하기도 한다.

앞서 말한바와 같이 '미'라는 한자어가 동양에서는 희생과 자비, 그리고 헌신의 아름다움을 일컫는 말이라고 했다. 그런데 서양에서는 '미'라는 말을 beautiful, beau, bello 등으로 표현하는 것을 알 수 있는데, 모두가 라틴어 bellus에서 나온 말로서, bonus(善)의 어원과 같다는 점이다. 그러고 보면 미라는 것은 선과 결부된 윤리적 가치 이념을 반영한다고 볼 수 있다. 그리스도인은 하느님 자신에게서 초월적 미, 신적 미를 발견하여 미를 실현하게 된다. 다시 말하면 미의 실현이라는 것은 '그리스도인다움'과 동의어이다. 미와 동의어로 쓰일 수 있는 한자는 '여물다'[아름]는 의미를 내포하는 '실實'이다. 또한 '다움'이라는 말은 한자어로 '격格'을 의미한다. 그러므로 그리스도인이 아름답다고 하는 것은 그리스도인의 신앙 인격이 알알이 통통 꽉 차 있는 것을 말하는 것이다. 이와 같은 사고와 맥을 같이 하는 아리스토텔레스는 『니코마코스 윤리학』에서 미는 덕德, arete의 목표라고 말했으며, 미는 모든 덕에 공통한다고 말함으로써 미와 윤리를 구분하지 않았다.

이러한 미의 실현, 곧 그리스도인다움을 우리는 웨슬리안 전통 신학에서 찾을 수 있다고 생각한다. 그리스도인의 아름다움, 그리스도인의 신앙 인격, 그리스도인의 미덕은 웨슬리안 전통의 미학적 신학 혹은 신학적 미학에서 길어올려질 수 있다고 보기 때문이다. 그러므로 웨슬리안의 전통은 그리스도인으로서 인간의 존엄성과 인간 생명의 고귀함의 미학, 그리고 아름다운 하느님의 형상 회복 등에 관한 하나의 광범위한 신학적 미학의 인식을 통해 새로운 해석과 더불어 신앙 실천을 가져올 것이다.

2
웨슬리안의 전통과 신학적 예술의 재현

무릇 예술이라는 말은 fine arts, schöne Künste, beaux-arts의 번역어이다. 개념사적으로 보면 라틴어 ars는 그리스어 techne의 번역어인데, 물건을 만드는 기술, 군대를 지휘하는 능력, 청중의 마음을 움직이는 기술 등을 일컫던 말이었다. 그래서 기술craft, 지식, 학문, 인문학이라는 의미로 사용되다가 19세기에 이르러 예술 혹은 미술이라는 의미로 변화되었다. 또한 예술이라는 한자는 고대 중국의 갑골문자에 토대를 둔 것으로서 한 사람이 땅에 무릎을 꿇고 작은 나무를 조심스럽게 붙잡아 심는 형상을 취했다[藝]고 하기도 하고, 씨를 뿌려서 길러내는 의미를 갖고 있다가 여기에 운云이 덧붙여진 꼴이라는 설도 있다.(艸+埶+云) 이는 심는 것을 중요시했던 고대의 농사 '기술'을 반영하는 것으로서, 인간의 정신에서 내적으로 성장해 가는 어떤 가치 체험을 심는 예술로 확장되었음을 나타내 보여준다. 그런 의미에서 보면 예술art이라는 개념은 기술[技]이라는 의미도 내포한다.

종합적으로 고찰해볼 때, "예술은 사물을 재현하거나 형식을 구성하거나 경험을 표현하는 의식적 경험활동이며, 그러한 재현이나 구성이나 표현의 산물은 기쁨이나 감정이나 충격을 가져올 수 있는 그런 것"(폴란드의 타타르키비츠)이라고 정의 내릴 수 있을 것이다. 예술이라는 것은 경험활동이며 감성적 활동이라는 점이 분명히 드러나는 탁월한 정의이다. 그렇다면 신학적 예술, 혹은 신학적 미학의 성격은 최초의 예술적, 창조적 작품이든 아니면 그 작품의 감성적 체험이거나 어떤 체험 자체이든 신적 체험에 기반을 둔 경악, 두려움, 놀라움, 감동, 감성적 미적 체험이라고 말할 수 있다. 부연한다면 신학적 예술은 이성과 감성의 작용을 통해 하느님의 생명적인 것을 깨닫게 한다는 것이다. 또한 신학적 예술 혹은 신학적 미학은 하느님을 표현(하느님의 아름다움)하며, 그 '하느님 되심being God'의 거룩한 체험을 하는 인간의 아름다움을 기술하는 학문이다. 따라서 모든 종교적 언어 – 비언어적 언어조차도 – 는 영성의 매체라고 볼 수 있다. 신적 존재를 표현하는 언어 일반은 우리로 하여금 깨달음을 인도하는 '존재의 집'이기 때문이다.

생철학자 딜타이W. Dilthey(1833 - 1911)는 '문학은 삶의 해석'이라는 말을 한 적이 있다. 이는 모든 문학작품이 당대의 생활양식을 반영하며, 그 언어는 시공간적 체험의 고유 기억들을 간직함을 지적하는 것이다. 마찬가지로 그리스도인의 신앙 근간인 웨슬리안의 전통도 인간의 신앙 체험을 반영하는 신앙 양식form이라고 볼 수 있다. 삼위일체이신 하느님을 언어로 담아낸다는 것은 불가능한 일이다. 그 초월적 존재이신 하느님에 대한 체험을 언어적 혹은 비언어적 표현으로 승화시킨다는 것은 늘 자신의 해석학적 견해가 반영될 수밖에 없다. 그러므로 웨슬리안의 전통을 담아낸 교회 내 여러 작품을 어떻게 해석하고 하느님의 아름다우심을 어떻게 체험으로 이끌어 내어 그리스도인으로서의 신앙 실천으로 이어갈 것이냐 하는 것 또한 우리의 과제일 것이다.

　그럼에도, 인간의 삶의 가치와 신앙적 가치인 진선미를 드러내는 진리에 대한 해석, 진리의 설득력과 논리성, 하느님에 대한 경험적 진술, 선善을 실천하도록 하는 추동력과 매혹fascinosum은 아름다움 그 자체이신 하느님에게 붙들리도록 만드는 힘이다. 신의 체험, 신이 주는 미적 체험, 곧 신이라는 존재의 포착은 존재의 인식을 통해 이루어지는 것이므로 신학적 미학 혹은 신학적 예술 행위는 존재의 드러남, 혹은 존재를 드러내는 것이다. 그런데 이러한 존재를 드러내는 교회의 신학적 범주를 우리는 웨슬리안의 교리이라고 한다. 웨슬리안의 교리라는 신학적 범주를 통해 신학적 의식, 존재의 드러남, 아름다움, 윤리적 기초에 이르는 대오大悟가 가능한 것이다.

　예컨대 교회의 헌장과 법규는 교회의 신학적 정수만을 선별한 매우 고밀도의 축약된 언어를 고집하는 문학적 기교로서 교회 공동체의 신앙과 질서를 규정하는, 즉 사회 공동체 혹은 교회 공동체를 위한 기본 질서order와 이념idea을 표현한 것이다. 설교(강론)는 설교자가 텍스트에 대한 창조적 독해 혹은 신에 대한 시적 상상력의 발휘와 해석학적 기교art, skill, 그리고 해석에 따른 설득과 변증적·수사학적 글쓰기이다. 더불어 설교는 인간의 지식과 관점 그리고 삶의 정황에 입각한 하느님의 영에 의한 (예술적) 창작이다. 그것은 하느님에 의한 시각적, 청각적 상상력을 불러일으키는 언어적, 미적 작업이다. (신학적) 논문은 또한 성서와 신학적 논리가 저자의 상황을 해석하면서 치밀한 논리가 전개되는 창조적 예술 활동 – 중수필 혹은 그 이상의 딱딱한 작품 – 이며 논증 형식form을 빌려 온 창작creation이라 말할 수 있을 것이다. 신학적 미학이라는 관점에서 볼 때 이러한 작품들-시, 수필, 소설, 논문, 설교, 교회법, 음악, 극적인 것들의 장르 등-은 미적 체험을 기반으로 한다.

이러한 예술 작품들은 세계와 사물, 인간 공동체에 질서와 의미를 부여하며 그것을 상징성과 이미지로 표현한다. 우리의 모든 신학적, 신앙적 작품들은 원초적으로는 신에 대한 체험(미적 체험)에 근원을 두며, 그 체험에 입각하여 여러 신학자와 설교가, 학자들의 글쓰기의 상상력을 유발시키는 것이다. 중요한 것은 성인들의 신앙체험이 현대를 사는 우리와 별개가 아니라-사장되는 것이 아니라-'지금 여기에서' 직간접적으로 '경험' 혹은 '재현represent'된다는 점이다. 또한 그들의 경험으로 말미암아 우리의 신앙생활에 질서가 부여되고 신앙함이 의미 있음이 되는 것이다. 과거 교회 신앙의 선조先祖들의 설교가, 더 나아가서 현대 교회 설교가들이 언어 수사학적 예술가, 언어의 연금술사, 시적 상상력을 불러일으키는 삶의 통찰자(?)라 볼 수 있는 것은 바로 그와 같은 이유 때문이다. 따라서 설교가의 설교는 반드시 예藝와 기技가 있어야 한다.

앞서 말한바와 같이 언어는 일종의 상징을 내포한다. 언어의 이미지를 통해 우리의 경험이 증폭되고 올바른 사고가 정립되기도 한다. 이미지image라는 말은 영상影象, 표상表象, 의상意象, 심상心象 등으로 번역된다. 신학적으로는 '신의 형상'을 일컫는 용어이다. 우리의 신학적 글쓰기가, 혹은 설교가들이 그러한 이미지를 드러내는가에서 먼저 예藝에 기초를 두는가 아니면 지나친 기技(기술)에 두는가를 자문해보아야 한다. 하느님과 역사적 계시를 해석하고 인간들이 소통 가능하도록 표현하는가, 웨슬리안 전통의 미적 가치를 통해 경건을 불러일으키는가 하는 것이다. 웨슬리안 전통의 미학은 하느님과 인간의 거룩한 체험의 범주를 구성하고 기술한다. 거듭남, 거룩함, 치유, 다시 오심은 각기 하느님 체험과 그 관계의 언표言表이다. 그래서 웨슬리안의 교리는 언어적 혹은 비언어적 유희가 아니라 하느님과 인간의 일치와 몰입, 감성적 충동의 형식을 통해 이성과 감성, 정신과 육체가 조화, 균형, 균제가 이루어지는 신학적 행위인고로 아름다운 영혼을 지향한다.

웨슬리안의 교리 자체, 웨슬리안의 교리에 대한 예술적 행위는 초월적 행위, 관조, 가슴 뭉클한 깨달음, 신적 아름다움을 생산하는 기폭제이다. 그런데 거듭남, 거룩함, 치유, 다시 오심의 예술적, 미적 승화는 신에 대한 미의식에서 싹튼다고 볼 수 있다. 웨슬리안 전통의 소재Stoff는 삼위일체이신 하느님에 대한 체험적 표현들이다. 원래 소재라는 독일어의 어원은 '뜨개질', '직물', 혹은 '조직'이라는 말의 'Gewebe', '물질'이라는 'Material'이라는 의미를 지녔다. 따라서 웨슬리안의 전통에 나타난 하느님의 체험, 웨슬리안 교리의 실천, 웨슬리안 교리의 표현들은 하느님의 아름다움이 씨줄과 날줄로 전개된다고 볼 수 있다. 그래서 웨슬리안의 교리는 하느님의 아름다움을 드러내며, 우리로 하여금 그러한 인식을 가질 것을 요구한다. 실로 웨슬리안의 교리는 신에 대해서 말하며, 신에 대해서 생각하며 행동하도록 만드는 심미적, 신학적 예藝와 술術이다.

우리의 아름다움과 선은 '아름다움 그 자체'이신 하느님에게서 (exitus) 나온다. 그래서 칼 바르트K. Barth(1886-1968)는 "하느님은 사랑 받을 만한 유일한 분으로서, 즉 하느님으로서, '하느님은 아름답다'고 말할 때의 의미이다…… 오직 하느님 존재의 형상만이 신성한 아름다움을 가진다"고 말한바 있다. 다시 말하면 우리 신앙의 미덕은 하느님의 모방imitatio Dei에서부터 가능한 것이다. 그리스도인에게 이러한 신앙의 미덕은 웨슬리안 교리의 독해, 의식, 실천적 경험에서 비롯된다고 볼 수 있다. '우리 신앙의 미적 가치를 실현하는 기술ars은 웨슬리안의 교리에서 비롯된다'는 말은 이제 과장이 아니라 실현 가능성으로 열어 놓아야 할, 성숙을 지향하는 교회의 아름다운 신학적 모토로 여겨져야 할 것이다. 독일의 유명한 시인 휠더린 F. Hölderlin(1770-1843)의 「젊은 시인들에게」라는 시를 여기에 인용하면서 그 풍부한 사유와 실천을 꿈꿔본다. "사랑하는 형제들이여, 우리들의 예술은 모름지기 청년과도 같이 이미 끓어오를 대로 끓어오르다가 미의 정숙으로 성숙해가는 것, 그리스인이 그렇듯이 오직 경건할진져!"

3
웨슬리안의 전통과 가스통 바슐라르의 미학

신의 은총은 우리에게 존재의 시작과 사고의 시작을 주실 것이다. 진정 우리 자신은 새로운 사고 속에서, 우리 자신의 정신에 대해 창조자의 노력을 시작할 것이다.

(바슐라르)

웨슬리안의 전통은 그리스도인의 새로운 영성의 창조와 쇄신을 가능케 하는 체험적 형식form 혹은 틀이다. 영성의 창조 혹은 영혼의 아름다움은 신적 체험, 미적 체험을 통해 신자의 영성을 새롭게 잉태하게 한다는 의미이다. 그런 의미에서 '영성의 창조성'은 웨슬리안 전통 자체의 미이며, 그리스도인에게는 미적 체험의 지속적 과정이다. 그런데 예술사적으로 보면, 예술가는 자신의 고통, 고뇌, 아픔, 고독 가운데 창조적 미를 실현해왔다. 예술이 상상력만으로 탄생한 것은 아니라는 말이다. 예술은 예술가 자신의 고통과 질병을 극복하면서 발아된다. 우리가 잘 아는 것처럼, 당대에 이름을 떨쳤던 미켈란젤로Michelangelo di Lodovico Buonarroti Simoni(1475–1564: 우울증), 파스칼B. Pascal(1623–1662: 장결핵과 편두통), 고야Francisco Joso de Goya y Lucientes(1746-1828: 청각장애), 베토벤Ludwig van Beethoven(1770-1827: 청각장애), 도스토예프스키F. M. Dostoevskii(1821-1881: 간질병) 등은 자신의 질병과 고통을 딛고 창조적 예술작품을 완성한 훌륭한 예술가로 칭송받는다. 그래서 니체 F. Nietzsche(1844-1900)는 '인간의 고통이 창조성으로 몰고 가는 자극물'이라고 했으며, 키에르케고르S. Kierkegaard(1813-1855)는 "시인은 불행한 존재이다. 가슴이 비밀스러운 고통으로 찢어지고 입술은 이상한 형태를 지으며, 한숨을 쉬고 울부짖을 때마다 그 소리는 아름다운 음악처럼 들린다"고 했고, 하이네H. Heine(1797-1856)는 다음과 같이 시적으로 표현했다. "질병이 창조적 충동을 위한 근본이 되어 왔을 것이 당연하네. 창조란 것은 내 몸에서 배출하는 것이며, 창조를 하면서 나는 다시 건강해진다네."

예술가가 자신의 고통과 아픔을 통해서 창조적 예술을 실현했던 것처럼, 그리스도인은 자신이 처한 환경에서 부단한 영적 쇄신과 하느님 체험의 창조성을 드러내야 한다. 그것은 미학의 어원인 그리스어 aisthesis(아이스테시스), 즉 머리로 배워서 익힌 경험이 아니라 몸으로 느끼고 마음으로 깨우치는 것을 말한다. 미적 경험의 대상인 하느님은 논리적 인식만으로 포착할 수 없으며, 몸으로 체득하여 영혼의 깨우침을 통해 그 신비를 알 수 있는 것이다. 그래서 바슐라르G. Bachelard(1884-1962)는 "창조는 상상되어야 한다"고 까지 말했다.

영성의 창조성은 거룩한 상상력을 통해 우리의 내면에 주어지는 신비적 힘의 결과이다. 필자는 거룩한 상상력을 거룩한 독서(렉시오 디비나Lectio Divina)를 기반으로 하는 관상 기도觀想 祈禱(묵상기도나 침묵기도와는 다르며, 여기서 '想'은 생각을 나타내는 것이 아니라 '그리움', '보고 싶음'을 의미함)의 체험에서 온다고 생각한다. 말없이 그분의 사랑 안에 잠기며, 그분을 바라보는 태도는 무거운 이성을 넘어서서 하느님을 향한 가벼운 상상의 나래, 그러나 일반적 상상이 아닌 거룩한 상상을 하는 것이다. 인간의 이성과 사고가 그분 앞에서 멈추고 오로지 나의 감성만이 그분을 응시하는 것이다.(바움가르텐은 '감성'을 '유사이성analogon rationis'이라고 표현하였음) 그래서 플로티노스 Plotinus(205-262)는 "나에게 명상을 한다는 것은 명상의 대상인 사물을 창조하는 것과 다름없다. 마치 명상에 잠긴 기하학자들이 명상에 상응하는 선을 그려내듯이. 그러나 내가 하는 일은 선을 그려내는 것이 아니다. 단지 명상하는 가운데 사물의 전형적 모습이 저절로 떠올라 존재하게 될 뿐"이며, '미적 체험은 신과 하나 되어 절대자 안에 안주하게 되는 일'이라고 말했다.

따라서 거룩한 상상력은 주체와 객체, 신과 인간이 합일되고 일치되는 중요한 방편이다. 바슐라르가 말하는 것처럼, "존재에 가치를 부여하는 것은 상상력"이며 "상상력은 필연적으로 가치 부여 작용인 것"이다. 이처럼 웨슬리안 전통의 이미지image를 통한 시적, 상징적, 신학적, 예술적 상상력imagination(혹은 구상력)은 하느님의 아름다움의 가치를 불러일으킨다. 그 상상력이 신을 노래하고 신을 생각하며 신과 일치하는 것이다. 어쩌면 이 상상력은 고통의 수행이다. 그분을 잘 상상하려면 나를 비우고 포기해야 하기 때문이다.

일반적으로 미학이라 함은 아름다움을 포함하지만, 그렇다고 아름다움'만' 말하는 것은 아니다. 전쟁, 기아, 고통을 슬픔과 고뇌로 표현한 시, 음악, 그림(회화), 조각, 부조리극 등은 엄밀한 의미에서 그 본질도 아름다운 창작 활동이라고 말할 수 있다. 마찬가지로 하느님의 구원, 사랑, 선, 의만이 그분의 아름다움이 아니라, 진노, 고통, 슬픔, 심판도 그분의 아름다움[美]을 일컫는 유비적 표현들이다. 웨슬리안의 전통은 우리의 죄를 인식하는 고통의 미학, 우리의 실존적 한계와 구원 가능성을 깨닫게 하는 존재의 미학, 하느님의 진노와 심판을 인식하는 두려움과 전율의 미학을 인식하게 한다.

그런 의미에서 웨슬리안의 전통은 굳이 표현하자면 그분의 긍정적 아름다움뿐만 아니라 부정적 아름다움을 인식, 체험, 기술한다고 볼 수 있다. 그런데 여기에는 인간이 지닌 거룩한 '상상력'(상상력의 미학은 바슐라르의 독특한 철학임)을 통해 만나는 하느님의 아름다움에 대한 신학적, 미학적 평가 즉 미학적 태도가 기능하다. 즉 우리는 신적 '대상'을 접하고, 그 하느님을 '체험'하면서 어떤 '태도'가 생기는 것이다. 그런데 우리는 웨슬리안의 전통 안에서 하느님 자신의 열어 보임을 경험하며, 그분의 은폐성의 비은폐성(M. Heidegger, 1889-1976)은 상상력의 조우와 상상의 기술을 통해 그분의 신비와 맞닿게 된다. 그분과의 만남을 통해 우리가 하느님을 사랑하게 되면 더불어 아름다워 보이는 것은, 우리가 절대자의 영광과 사랑 그리고 초월적 아름다움에 마음을 열기 때문이다.

또한 웨슬리안의 전통은 하느님이 우리에게 건네는 이야기를 담고 있다. 예술작품이 예술가가 우리에게 건네는 이야기를 담고 있듯이, 웨슬리안 전통의 이야기 세계, 이야기 형식에는 우리에게 말을 건네는 하느님의 음성이 담겨 있다. 우리가 그분의 소리를 듣는다는 것은 상상력을 통해 일상이 아닌 다른 차원의 문을 열고 초월자를 만나는 것을 의미한다. 그래서 거듭남, 거룩함, 치유, 다시 오심은 일상의 차원과 초월의 차원이 만나는 다리이며, 교차와 승화가 이루어지는 미적 영역이기에 웨슬리안의 전통은 현실의 문을 통해 다른 차원의 삶을 살도록 만드는 영성적·미적 차원을 담지한다. 그 속에서 신학적 미학이 추구하는 인간의 삶에 대한 존재의 의의가 드러나는 것이다.

이러한 사유를 가능케 하는 바슐라르의 미학은 지수화풍地水火風(대지, 물, 불, 공기)의 철학적 범주에서 비롯된다. "물질의 상상력, 즉 4원소의 상상력은 비록 그것이 한 원소를 우대하는 상황에라도, 4원소가 결합한 이마쥬와 함께 놀기를 좋아한다." 바슐라르의 예술철학은 이러한 인간의 상상력이 얼마나 아름답게 사물과 그 본질, 더 나아가서 신의 모습을 묘사하고 승화시키는지를 여실히 보여준다. 바슐라르가 지수화풍의 상상력을 통해서 생의 원칙, 예술창조의 영역(4원소), 그리고 영혼의 철학을 말하려 했다면, 웨슬리안의 전통을 통한 신학적 상상력은 그리스도인의 신앙 규준과 영혼의 신학으로서 신학적 미학과 예술 미학의 근원이라고 규정해도 지나친 말은 아닐 것이다.

미학이 일상과 비일상의 경계를 넘어서서 소통하는 것이라면, 신학적 미학은 신과 인간이 거룩한 상상력을 통해 소통하는 방식을 말한다. 그런데 우리 그리스도인은 하느님과 인간의 소통 방식을 웨슬리안 전통의 거룩한 상상에서 찾을 수 있다고 본다. 웨슬리안의 전통을 통한 하느님 체험은 일정한 미적 태도, 저 너머의 세계를 지향하는 데, 이것은 일체의 실용적 태도를 지양하고 오로지 그 거룩한 체험의 질quality 그 자체에 관심을 둔다(칸트는 이를 '무관심성 Interesselosigkeit'이라고 말했음).

우리의 거듭남, 거룩함, 치유, 다시 오심은 그리스도인의 신앙적 규준이기도 하지만, 동시에 미적 인간으로서 일상을 소홀히 하지 않으며, 일상에서 생생한 깨달음을 지향하는 우리의 삶이어야 할 것이다. 그것은 바슐라르가 자신의 예술철학을 통해 일깨워준 것처럼 인간의 미적 상상력이 삶의 피상성만을 주시하는 것이 아니라 우리 내부의 창조적 영성을 불러일으키고, 동시에 일상적 미적 체험을 분리하지 않고 신앙 의미 안으로 편입시킬 때 가능한 것이리라.

4
웨슬리안의 전통과 종교현상학적 미학

예술은 일상과 비일상의 만남, 초월과 내재, 인간과 신의 접점을 가능케 하는 소통의 매체이고, 미학은 예술 현상과 더불어 예술이 발생하는 삶의 자리를 추적, 이해하고 해석한다. 웨슬리안 전통의 미학적 해석학은 신과 인간의 만남을 심미적 관점에서 해석한다는 점에서 여타의 해석학과는 구별된다. 다만 종교 현상을 '미'라는 독특한 개념으로 설명하고자 하는 것이고, 미를 신이 가진 절대적 속성 가운데 하나라고 간주하고 그 미적 경험이 인간에게 어떻게 나타나고 경험되는가를 기술한다고 볼 수 있다.

여기에 웨슬리안의 교리의 새로운 의미를 더해줄 종교현상학은 독일 철학자 에드문트 후설Edmund Husserl(1859-1938)의 '현상학Phenomenology'이라는 독특한 철학의 영향을 받아 일어난 종교학의 한 지류라고 볼 수 있다. 현상학의 철학적 모토는 '사태 그 자체로Zu den Sachen Selbst'라는 유명한 문구에서 드러난다. 즉 인간이 지닌 모든 편견을 판단 중지(에포케epoche)하고 순수 직관으로 본질을 바라본다는 태도이다. 풀어 설명하면 인간은 살아가면서 어떠한 사물과 현상, 사건을 바라볼 때에 일정한 자기 주관과 편견이 있을 수밖에 없다. 그럴 때 가능한 객관적 시각을 견지할 수 없다. 그러므로 그 앞에서 모든 편견과 주관을 유보하고 의식 속에 직접 나타나는 현상을 인간의 순수 의식으로 바라보자는 것이다. 절대적으로 객관적인 토대를 찾는 것, 의식의 주관성에 대한 분석을 시도하는 현상학은 결코 외적 혹은 내적 사상事象들을 대상으로 하는 탐구가 아니라, 잠정적으로 경험을 입 다물게 하고, 객관적 현실이나 실제적 내용의 문제를 한옆으로 치워놓는다. 그리고 오로지 의식 속의 현실에게로, 의식에 의해 그리고 의식 속에서 의도된 것이라는 자격을 지닌 대상에게로 주의를 돌리는 것을 말한다.

신학이 이미 해답된 물음solved question을 전제한다면, 종교현상학은 지적 판단을 정지한다. 그래서 인간과 신을 포함하는 그 주객이 만나는 현상에 대해 관심을 기울인다. 특히 네덜란드의 신학자이자 종교현상학자인 반 델 레에우G. van der Leeuw(1890-1950)의 종교현상학이 지향하는 것은 타인의 종교현상과 종교경험을 우리 자신의 체험을 매개로 재구성하여 이해하는 것이다. 그러려면 타인의 종교체험을 공감적empathy으로 이해해야 하는데, 낯선 타인의 종교 경험을 편견을 배거한 에포케(판단중지)가 필요하다고 했다. 그래서 그는 그리스도교 신학이 "신자의 '의식意識'에 대한 서술을 마감하는 것"이라고 했던 것이다.

또한 그는 사물의 요소들이 드러나는 현상 자체의 본질essence에 관심을 가지면서 '육화 신학incarnation'을 전개하였다. 그에 따르면, 인카네이션은 하느님이라는 실재의 만남이며, 하느님에게서 비롯된 현실이다. 반 델 레에우는 신학적 미학, 예술 미학을 통해서 예술의 개별적 형식(언어, 음악, 회화, 연극 등)이 어떻게 성sacred과 연관되는지를 연구했다. 그 중 언어적 예술은 영원성과 그것의 사역에 찬미로, 음악은 영원한 영광의 메아리라고 보았다. 종교현상학적 견해를 따른다면, 웨슬리안 전통의 그림적 사고, 형상적 사유는 드라마틱한 하느님의 모습, 아름다운 그분의 선율로 노래하는 것이고, 하느님의 본질을 포착하는 언어 예술에 가깝다. 또한 웨슬리안 전통의 신에 대한 미적 표현은 아름다움 그 자체이신 신을 자각하고 인식하는 즐거움[快]은 결국 영성의 풍성함을 가져온다.(거룩함의 체험, 거룩함의 인식)

반 델 레에우와 맥을 같이 하는 엘리아데M. Eliade(1907 – 1986)에 따르면 성과 속의 두 실재는 인간의 생활세계Lebenswelt를 구성한다. 성聖이 우리의 경험에서 그 자체로 독특한 것sui generis이 되려면 현상학적 판단 중지가 필요하다. 또한 성의 드러남이 성현聖顯, hierophany 인데, 그러나 성현은 성 그 자체가 아니라 성의 드러남이다. 그런데 그 성이 우리의 생활세계에서 드러나면 성, 그렇지 않으면 속이 되는 것이다. 웨슬리안의 전통은 본질적으로 인간이 하느님을 경험한 산물이다. 또한 웨슬리안의 전통은 신과 인간이 만나는 접점, 만남의 장인 인카네이션이라 할 수 있다. 웨슬리안의 전통은 그리스도인의 생활세계에서 독특한 경험으로 자리 잡는 동시에 성을 드러내는 종교현상이라 볼 수 있다. 그러나 웨슬리안의 교리는 시공간에 의해 조건 지어진 기술이며, 상대적이며 제한된 경험 언어인 까닭에 늘 안주하려는 독단을 배거하고 순수 본질 직관을 통한 웨슬리안 전통의 종교 현상을 드러내는 판단 정지와 태도 변경, 그리고 창조적 해석학이 요구된다.

엘리아데는 "예술에 나타나는 모든 종교적 표현은 인간과 신의 만남을 보여준다. 이런 만남은 개인적 종교 체험이라고 할 수 있을 것"이라고 했다. 엘리아데의 표현을 빌린다면 웨슬리안 교리의 거듭남, 거룩함, 치유, 다시 오심이라는 각각의 종교적 언어는 하느님의 '형식'이나 '형태'를 드러내는 것이라고 할 수 있다. 이른바 신현神顯, theophany이다. 엘리아데가 말한 것처럼, 예술이 궁극적으로 신이 무엇을 창조하려 했는가를 보여주고 싶어하는 데 있듯이, 웨슬리안의 전통은 궁극적으로 신의 무엇을[아름다움] 보여주려고 한다는 점이다.

거듭남을 통해서는 인간을 구원하시고자 하는 하느님의 의지를, 거룩함을 통해서는 우리가 거룩한 존재가 되어야 할 당위성을, 치유를 통해서는 인간의 온전한 참살이를 지속하고 영육의 아름다움을 손상시키지 않겠다는 하느님의 마음을, 다시 오심을 통해서는 영원토록 우리와 함께 하시고자 하는 하느님의 대자대비하심을 읽을 수 있다. 이렇게 웨슬리안 전통의 상징적 의미는 미 자체이신 하느님에 대한 해석학적 지평이 무한히 열려 있다는 것을 알게 한다. 종교 생활에서 상징 혹은 상징이 드러내는 의미는 실재the Reality에 대한 신비와 어떤 형상을 그려내는 기능을 한다. 따라서 웨슬리안의 전통에 대한 기존의 편견과 고정된 개념을 넘어 서서(epoche: 현상학적 환원) 웨슬리안 교리의 본질적 의미를 끊임없이 묻고 우리의 신앙 의식을 분석하여 궁극에는 인간이 처한 경험적 한계를 극복하며 날마다 하느님에 대한 깨달음으로 일관하는 교회가 되어야 한다고 본다. 신에 대한 지향성intention은 언제나 우리 인간이 지닌 제한되고 편협한 조건을 넘어서서 그분에 대한 숭고한 깨달음과 그분 안에서의 침잠을 통하여 일상(혹은 현상학적 의미로 '생활세계', Lebenswelt)을 성스럽고 신비스럽게 하는 것이다. 웨슬리안의 전통은 인간의 존재 양식을 넘어서 하느님의 속성, 하느님의 이미지를 부각시켜 준다. 실로 이것은 '종교적 인간homo religiosus'을 넘어선 '심미적 인간homo aestheticus'으로 존재의 변화를 가능케 하는 하느님의 아름다운 몸짓이다. 이것을 이른바 웨슬리안의 전통이 지닌 신학적, 미학적 전율감과 하느님의 온전한 세계사적 표현이자 사건, 인간에 대한 애정과 인간과의 일치라고 말할 수 있을지 모르겠다. 후설의 현상학을 고스란히 이어받았지만, 훗날 수녀가 되어 나치에 의해 형장의 이슬로 사라진 에디트 슈타인E. Stein(1891‒1941)은 "자신의 존재를 확신하는 것이야말로 어떤 면에서 보면 최초의 인식이라 할 수 있다"고 했다. 웨슬리안의 전통이 지닌 신학적, 심미적 힘을 표현한다면, 그것은 '자기 존재에 대한 발견'이라 할 수 있다. 이는 곧 자기 존재의 유한성을 인식하게 될 때 비로소 영원한 존재에 대한 깨달음이 생길 수 있다는 얘기다. 거듭남은 자기 존재의 한계를 깨닫는 출발이라면, 거룩함은 자기 존재의 완성을 향해 나아가는 여정이요, 치유는 자기 존재의 결핍을 외치는 함성이며, 다시 오심은 궁극적으로 자기 존재가 나아가야 되는 절대자와의 합일을 염원하는 몸부림이다.

이러한 웨슬리안 전통의 미학적 인식과 해석은 웨슬리안의 교리를 통해 우리 영혼의 상태가 어떻게 고양되어야만 하는가를 나타내 주는 '신성한 공식'(엘리아데)으로 귀결될 것이다. 이러한 신성한 공식은 어느 순간 한 지점에 고착되려는 우리의 인습적 신앙을 끊임없이 재창조하고 새로운 삶의 세계를 창조해나가게 하는 추동력이 될 것이다. 그뿐만 아니라 예술과 미학이 갖는 성격이 그렇듯 인간에게, 그리스도인에게 생명력을 부여하고 내면적 삶을 충만하게 하는 활력을 가져올 것이다.

5
웨슬리안의 전통과 키에르케고르의 미학

웃음은 사회와 개인이 그들의 자기 보존의 염려에서 해방되어 자기 스스로를 예술작품처럼 대하는 순간 일어나기 때문에 미적 요소를 지닌다.

(앙리 베르그손H. Bergson, 1859 – 1941)

웨슬리안 전통의 신학적 미학은 이미지로서의 그리스도에서 시작해야 한다. 그리스도의 구원과 거룩함, 몸의 회복, 심판의 음울함 등의 이미지가 웨슬리안 전통의 신학적 미학의 기초라고 볼 수 있다. 웨슬리안의 전통이 지향하는 거룩한 신자의 모습은 궁극적으로 신의 성스러움의 체험이라고 말할 수 있는데, 이는 곧 그 본질상 아름다운 하느님의 체험, 하느님의 현현을 체험한 신자를 일컫는 것이다. 다시 말하면 인간이 절대적 존재인 신을 만날 때 어떠한 경외와 매혹을 느끼는데, 이것은 아름다운 하느님을 체험하고 느꼈다는 것을 의미한다. 그런데 키에르케고르S. Kierkegaard(1813 – 1855)에게 이러한 미적 체험, 심미적 삶은 신과의 합일, 절대자에게 영원히 귀의하기 위한 조건이다.

잘 아는 바와 같이 키에르케고르는 실존철학의 효시로 일컬어진다. 그에게 인간은 단독자單獨者, der Einzelne이다. 즉 진정한 인간은 하느님 앞에 홀로 서는 단독자이다. 궁극적으로 이러한 단독자는 하느님 앞에서 책임을 지는 존재로서 절대적으로 평등한 이웃을 위해, 서로 기쁜 마음으로 행하는 '사랑의 행위'를 통해 새로운 공동체를 실현하여 모두가 평등한 사회를 만드는 사람을 말한다. 그래서 이러한 단독자가 되기 위한 인간의 실존을 크게 세 단계로 구분하여 말하는데, '심미적 실존', '윤리적 실존', '종교적 실존'이 그것이다. 먼저 '심미적 실존'은 감각적이고 순간적이며 현재적 쾌락을 추구하는 향락적 존재이다. 한마디로 말하면 본래의 자신을 잃어버린 존재를 말한다. 키에르케고르는 이것을 '악마성'이라고 표현하면서 죄에 상태이자 악에 머무르려는 집착으로 규정짓는다. 그래서 키에르케고르는 심미적 생의 단계를 영원한 것을 반영하는 것으로서의 아름다움이 아니라, 삶의 즐거움만을 생의 궁극적 목표로 삼는 세속화된 생활 감정으로 보고 이렇게 말한바 있다. "미학의 하늘 밑에서는 모든 것이 그토록 가볍고 그토록 아름답고, 그토록 무상하다." 이토록 미적 범주에서 이루어지는 생활은 그것이 환상적일지라도 절망, 권태, 불안한 존재일 수밖에 없다.

심미적 인간의 실존이 이와 같은 삶의 절망과 불안을 타개하려면 자유로운 선택을 통해 '윤리적 실존'으로 나아가는 신앙적 비약의 길이 필요하다. 그런데 이러한 윤리적 실존의 단계로 올라서기 전에, 인간 실존의 '아니러니irony'적 태도(영역)를 발견하게 된다. 키에르케고르는 마치 소크라테스가 최고의 법정인 국가의 권위를 돌파했다는 사실, 즉 모든 외적 힘에 대한 그의 아이러니적 태도로 국가의 법을 상대화시켰다는 데서 착안하여, 모든 사람 내면의 '무한한 것'이 바로 사람의 최고 권위가 되어야 함을 발견하게 된다. 절대적인 것은 오직 사람의 내면에서 찾아야 한다는 것이다.(그는 소크라테스의 아이러니에 관한 논문으로 학위를 받게 됨)

'윤리적 실존'은 양심에 따라 살며 성실한 인격을 갖추게 되는 존재를 의미한다. 그러나 키에르케고르는 인간의 실존이 단순히 양심과 인격적 존재에 머물지 않고 온전히 하느님께 이르는 존재가 되어야 함을 말하고 있는데, 곧 '종교적 실존'이다. 종교적 실존은 하느님 앞에서 자신의 비참함과 초라함을 발견하게 되는 인간을 보게 되는 것이다. 바로 이와 같은 종교적 실존은 개인의 문제에만 몰두하는 것이 아니라 사회적, 정치적 문제에도 깊은 관심을 기울이는 단독자이다.

이렇게 윤리적 실존에서 종교적 실존으로 넘어가는 단계에 '유머humor'적 태도가 있다. 아리스토텔레스Aristoteles(384-322 BCE)에 따르면, 웃음은 인간과 동물을 구별하는 척도이다. 그는 웃음이야말로 인간이 신에게 부여받은 가장 탁월한 정신적 특권이라고 생각했다. 그런데 키에르케고르는 자기 자신은 물론 모든 것을 뛰어넘어 자신의 무無를 인식하는 것이 유머라고 말한다. 심미적 존재는 아이러니를 통해 인간 자신을 반성하며 순간을 초연하게 한다면, 윤리적 존재는 무언가 되어 가는 인간을 지향하며, 죄의 상태에 대한 책임을 인식하고 회개를 통해 종교적 실존으로 향한다. 심미적 존재와 윤리적 존재의 중간 영역인 아이러니는 주체 및 자아의 절대적 지배를 과시하고 싶어 하지만, 유머는 그것을 원치 않아 사람들이 눈물을 기대하는 곳에서 웃음을 터뜨린다. 특히 유머는 인간 조건의 한계,

즉 하느님은 이성을 통해서 포착될 수 없음을 깨닫는 것이다. 칸트I. Kant(1724-1804)는 유사한 맥락에서 "웃음은 뜻밖에 아무것도 아닌 것으로 변화되는 기대에서 유래한다"고 말한바 있다.

키에르케고르가 말하는 바와 같이, 인간이 영원하신 하느님께 귀의하고 합일하는 것은 인간 실존의 절망과 불안을 깨닫는 데서 출발한다. 다시 말해서 심미적 실존을 깨닫는 삶은 절대자에게 다다르게 된다는 말이다. 웨슬리안의 전통은 인간 실존의 한계를 깨닫게 하며 그 실존의 한계를 그리스도를 통해 극복하고자 하는 구원의 몸짓을 말해준다. 아이러니를 말해주는 것이다. 거듭남의 신비는 우리의 궁극적 실존 근거가 하느님께 있으며, 하느님께 머무는 사람만이 근본적 불안에서 벗어날 수 있다는 것을 깨닫게 한다. 거룩함의 신비는 아이러니와 유머를 통한 종교적 실존, 즉 개인적·사회적 사랑을 실현하는 단독자로 살아가는 것을 말한다고 볼 수 있다. 치유의 신비는 인간 영혼을 억압하는 모든 악한 존재를 극복하는 것이며, 다시 오심의 신비는 인간이 오로지 순간만을 위해서 사는 존재가 아니라는 것을 깨닫는 것이다. 그러므로 웨슬리안의 전통이 지향하는 아름다운 실존이란 '영원성'을 추구하며, 인간이 지닌 영원성에 대한 한계와 자신의 삶에 대한 책임의식을 깨닫는 '역설의 영혼'이다.

미학자 박선규는 가장 소박한 것은 아름다움이라고 정의 내린다. "아름다움은 파괴되어 가는 것을 방어하거나 새롭게 탄생시키는 조화적 현상"이며, "조화적 현상은 그 현상 자체로서 아름다움의 본질을 띠고" 있다. 거듭남의 신비, 거룩함의 신비, 치유의 신비, 다시 오심의 신비는 하나의 세계사적 사건과 우주적 사건과 행위이다. 이 웨슬리안의 전통에는 파괴되어 가는 것을 새로운 창조를 가져다주는 순수함과 소박함이 있다. 그래서 끊임없이 아름다운 순간을 창조하는 힘을 갖고 있다고 볼 수 있다. 이러한 논지에 근거한다면 인간 삶의 파괴적 현상들을 회복하려면 인간 실존의 절망과 불안, 두려움을 가져다주는 심미적 삶, 향락적 태도를 지양하면서 우리 인간의 실존적 한계를 깨닫는 '아이러니의 영성', '무한자를 깨닫는 영성'이 필요하다. 일순간의 향락과 현재적·심미적 삶이 우리의 본래적 자아를 퇴색시키며, 그것이 영원하지 못하다는 불안, 절망은 곧 절대자의 요청을 가져올 수밖에 없다. 그러한 실존적 상황을 인식하게 해주는 웨슬리안 전통의 영성은 인간 실존의 너털웃음을 짓게 한다.

또한 윤리적 실존의 한계에서 종교적 실존으로 향하는 인간은 하느님의 뜻밖의 사건에 미소 짓는다. 이러한 웃음의 미학에는 일상의 전복이면서 동시에 삶의 상승이 들어 있다. 웃음은 정확하고도 엄밀한 생의 인식과 고찰 없이는 발생하지 않는다. 웃음은 보편적 인식과 사유를 넘어서는 신앙의 도약이다. 인간이 삶의 유한성을 가진 순간적 존재임을 자각하고, 하느님 앞에서 자신의 죄성을 깨달음으로써 발생하는 회개는 평범한 일상에서 하느님 안으로 도약하게 된다. 유머는 죄로 말미암은 긴장성과 갈등을 풀어 헤치는 하느님의 변화 매개체이다.

키에르케고르가 인간의 실존을 잘 간파한 것처럼, 웨슬리안의 전통은 아이러니와 유머의 미학을 통한 하느님에게로의 상승을 지향한다. 하느님에게서 인간의 실존적 의미를 발견하는 아이러니는 결국 인간이 순간적 존재가 아니라 하느님 안에서 영원성을 희망한다는 유머에 이르는 웨슬리안 전통의 메시지와 일맥상통한다고 볼 수 있다.

순간만이 의미가 있는 것으로 알던 사람이 거듭남의 신비를 통해 영원을 바라보게 되고, 그리스도인의 완전과 인격의 성숙을 도야하는 거룩함의 신비는 궁극적으로 인간의 영혼을 억압하는 쾌락과 불안을 제거하는 치유의 신비를 경험하고, 자신의 무를 인식하고 궁극적 존재와의 영원한 합일을 가능케 하는 다시 오심의 신비는 인간 실존의 유한성과 그 유한성에서 비롯된 아이러니와 유머를 잘 설명해 준다고 본다. 결국, 키에르케고르의 미학과 웨슬리안의 전통은 인간 실존의 한계를 깨닫고 본래적인 것을 찾아간다는 점에서 인식을 같이 한다.

6
웨슬리안 전통과
아리스토텔레스의 미학적 카타르시스

> 미적 카타르시스는 무엇보다도 인간이 곧장 자신의 일상성을 넘어설 수 있게 한다.
>
> (게오르크 루카치G. Lukács, 1885 – 1971)

거듭남의 신비는 웨슬리안의 교리 중에서 가장 많이 언급되는 반면에, 그 이론과 실천적 측면에서는 미진한 부분이 많다. 거듭남의 신비, 즉 중생이라는 말이 문자적 의미에서 '다시 태어난다', '새로 태어난다' 등의 애매성과 모호성을 지니기 때문이다. 그렇다고 해서 그 변론적 차원에서의 거듭남의 신비가 하느님의 영의 신비적 활동 결과라고만 치부하기에는 설득력이 약하다. 거듭남의 신비적 체험은 단지 '불[火]'이라는 메타포를 통해서 일어나는 하느님과의 어떤 뜨거운 만남으로만 강조해 온 것이 사실이다. 따라서 대부분의 그리스도인은 일부 설교자 때문에 학습된 뜨거움의 영적 체험이 없으면 거듭나지 않은, 즉 다시 태어나지 않은 신자로 인식함으로써 심각한 죄의식 가운데 살아갈 수 있다.

그러나 인간의 영혼이 하느님의 영으로 변화되고, 그 표징으로 나타나는 현상이 '불'만이 아니라 '바람', '숨', '빛', '물' 등과 같이 다양하다는 것을 성서는 말한다. 그러니까 거듭남의 신비에는 단지 뜨거움을 상징하는 불의 체험 이상의 다양한 경험이 있다는 것이다. 신에 대한 종교적 체험을 인간의 언어로 정확하게 담아낸다는 것은 불가능하다. 즉 하느님에 대한 체험은 언표 불가능성 혹은 언어진술의 한계성을 지니게 마련이다. 그러나 정작 근본적 문제의식은 거듭남의 신비적 사건 이후에 우리의 삶이 어떻게 변화되어 가는가 하는 질문이다. 변화된 그리스도인, 거듭난 그리스도인, 회심한 그리스도인의 삶에 어떠한 징후들이 보이는가 하는 것이다. 필자는 이 문제에 대해서 고대 철학자 아리스토텔레스Aristoteles(BCE 384-322)의 미학적 관점에서 풀어보려고 한다.

아리스토텔레스에게 예술은 기쁨(즐거움)을 느끼는 데서 시작한다. 그런데 희극의 목적은 "타인에게 고통이나 해악을 끼치지 않는 일종의 과오 또는 추악"에서 오는 기쁨이요, 비극은 "가련함(혹은 연민)과 무서움(혹은 공포)을 통하여 오는 카타르시스Katharsis"에서 생기는 기쁨이라고 했다. 여기서 후자의 카타르시스는 가련함과 무서움을 통하여 이루어지는데, 가련함은 주인공이 부당하게 불행에 빠지는 것을 볼 때 생기고, 무서움은 우리와 비슷한 주인공이 불행에 빠지는 것을 볼 때 생긴다고 했다. 이러한 카타르시스는 크게 세 가지의 의미가 있다. 도덕적 의미의 정화(순화, purificatio)라는 뜻과 종교적 의미의 정화lustratio 또는 속죄라는 뜻, 의학적 의미에서의 배설 purgatio이라는 뜻이다.

"종교적 체험과 미적 경험은 경험의 이름들에 지나지 않는다. 그

본성은 똑같다."(정순복) 이러한 의미에서 볼 때, 거듭남의 신비는 미적 대상이신 하느님을 만나면서 느끼는 종교적 순화(연민과 공포)이다. 예수 체험은 하나의 극적 연출이다. 여기에 가련함과 두려움, 사랑과 매혹이 발생한다. 중생은 신자의 신앙생활의 첫 단추라고 볼 수 있다. 그리고 그리스도인으로서의 의식의 대전환이다. 그런데 거듭남의 신비 체험이 자칫하면 부정적 의미에서의 카타르시스에 지나지 않을 수 있다. 거듭남의 신비 사건은 하느님의 영에 의한 사건이다. 거룩한 사건이요, 하느님에 대한 인식이자, 분명한 하느님에 대한 인식의 변화이다. 그러한 사건이 단순히 설사라는 배설을 통해서 이루어지는 몸과 기분의 후련함에 그친다면, 그것은 거듭남의 신비의 체험이 아니라는 것이다. 물론, 거듭남의 신비의 과정과 그 카이로스적 순간에 인간의 영적, 정신적 순화나 정화가 전혀 이루어지지 않는다는 것은 아니다. 다만 설사라는 배설에서 느껴지는 육체와 감정, 그 어쩔 수 없음에 대한 시원함을 거듭남의 신비라고 착각할 수 있다는 것이다.

　웨슬리안의 전통의 신앙과 신학은 줄곧 거듭남의 신비를 외쳐왔다. 그럼에도, 여전히 거룩하지 못한 것은 거듭남의 신비의 첫 단추를 잘못 끼고 심지어 다른 단추를 달고 그것을 유별난 패션이라고 생각하기 때문이라고 본다. 그렇다면 웨슬리안은 좀 더 엄밀한 의미에서의 거듭남의 신비를 파헤쳐서 신학적, 심리학적, 윤리학적 조명을 통해 그리스도인의 태도 변화를 이루어, 진정한 영적 정화를 가져와야 할 것이다. 두말할 나위 없이 우리가 추구하는 것은 거듭남의 신비를 통한 영혼의 순화 혹은 정신의 정화이다. 진정한 거듭남의 신비의 미학, 카타르시스의 미학은 웨슬리안의 교리 자체의 역사성 즉 웨슬리안 전통을 확립하는 초기의 신학적 모토로서 확정된 사회적 배경에서 바라보고 그에 대한 해석학적 반성을 이루어야 한다고 생각한다.

부언하면 웨슬리안의 전통은 하느님께서 이 사회에 필요하다고 여기시고 우리에게 주신 '사회적 산물'이다. 여기에서 사회적 산물이라 함은 교회의 신학이 사회적 요구와 사회적 변화에 민감하게 반응하며, 소통 가능한 양식이어야 함을 의미한다. 개별적 체험이 단지 개인의 것으로만 한정되는 것이 아니라 사회적 체험으로 파급되는 보편성과 설득력 있는 종교와 윤리가 되어야 한다. 그렇다면 웨슬리안의 교리, 특히 거듭남의 신비가 우리 시대에 소통되는 매체가 되려면 어떻게 해야 할까? 오늘날 웨슬리안 전통이 새롭게 사회와 소통해야 되는 거듭남의 신비의 의미와 그 강조점은 무엇일까? 거듭남의 신비 체험의 본질은 그 체험의 '개인성'(개별성)뿐만 아니라 개인체험이 발생한 '사회성'을 함께 물어야 한다. 이것은 거듭남의 신비 체험과 그 체험이 발생시킨 이야기의 사회성 즉 '사회적 공통감common sense: sensus communis'이 있어야 한다는 것이다. 다시 말해서, 거듭남의 신비 체험은 누구나 그리고 함께 공감하고 체험가능하며 동시에 실증적(도덕적/윤리적) 성격의 것이어야 한다는 말이다. 그것은 교회의 신학, 신앙 언어이자 사회와 소통하고 함께 인식하는 사회적이며 지구적, 우주적 언어이어야 한다. 그렇게 보면 웨슬리안 전통의 거듭남의 신비가 지닌 본래의 탁월함은 개인을 넘어 사회와 세계 그리고 우주적 체험의 보편성에 있다.

따라서 웨슬리안 전통의 거듭남의 신비 이야기, 거듭남의 신비의 텍스트text가 단지 '설사'와 같은 망각적 감정이 아니라 삶의 그림자를 지속적으로 타이르며 건전한 자기Self와 세계, 그리고 우주를 품을 수 있는 윤리적, 도덕적 성격의 '정화'이어야만 한다. 그렇게 될 때에야 비로소 '그리스도인은 아름답다' 혹은 '그리스도인은 아름답다'라는 말이 외양만이 아닌 내면의 아름다움 자체이신 하느님의 드러남으로, 윤리적, 도덕적 모습으로 체화되는 것임을 알게 되는 것이다. 그리고 카타르시스의 진정한 의미는 내 안의 도덕적, 종교적 정화로 말미암아 타인에 대한 태도가 변경되는 '사회성'이 있을 때 드러난다. 이 사회적 카타르시스는 하느님의 현존이 내 속에 자리 잡은 은총이어야 한다. 가난한 이들과 연대하며 정의를 실현하는 '거듭남의 신비의 앙가주망engagement'이 신학적 카타르시스의 미학이다.

우리는 왜 거듭남의 신비를 지속적으로 발설하기를 원하는 걸까? 왜 거듭남의 신비의 언어를 말하고 행동하기를 바라는 걸까? 그것은 단지 인간의 병리적 현상을 해소(배설)하는 의학적, 생리적 정화 때문이 아니라 인간의 윤리적, 도덕적, 종교적 정화로의 회귀를 염원하기 때문이다. 대지가 봄을 갈망하듯 소생, 생명, 부활을 꿈꾸는 인간의 본능은 거듭남의 신비라는 신앙의 봄을 갈망한다. 거듭남의 신비의 재현represent을 통해 그리스도인은 신앙의 봄이 지속되기를 원한다. 그런데 거듭남의 신비의 언어와 행위에는 이러한 신앙의 봄이 내재되어 있다. 곧 거듭남의 신비의 미학이다. 신은 아름다움 그 자체이며 모든 것을 포괄하는 능력자이다. 우리에게 아름다움이 있다면 그것은 모든 아름다움의 근원이신 하느님의 아름다움을 품고 있기 때문이다. 그 아름다움의 분유와 분출의 결과가 우리의 윤리적, 도덕적 카타르시스일 것이다.

이제 그리스도인의 과제는 카타르시스의 자기 부정을 내면에서 이끌어 내어, 올바른 사회의식을 갖춘 '바른 실천orthopraxis'으로 고양시켜야 한다. 또한 거듭남의 신비의 미학(카타르시스의 신학적 미학)은 세상을 향한 조건 없는 투신, 곧 디아코니아diakonia로 이어져야 할 것이다. 이것이 거듭남의 신비를 강조하는 웨슬리안 스스로 게토ghetto화 되지 않고 진정한 '사회 윤리적 영성 공동체', 혹은 '복음을 사는 봉사(헌신) 공동체'가 되는 길이라 생각한다.

7

웨슬리안 전통과 칸트의 숭고미

거룩은 종교적 언어 중에서도 훌륭한 언어다.
하느님이라는 개념보다도 훨씬 더 본질적인 말이다.

(쇠데르블롬N. Söderblom, 1866 - 1931)

칸트I. Kant(1724 - 1804)는 자신의 주요 저서 중 제3비판서인 『판단력 비판Kritik der Urteilskraft』에서 아름다움에 관한 인간의 감정인 숭고의 감정을 이렇게 말한다. "사원터에 우뚝 서 있는 거대한 떡갈나무와 그 고독한 그림자는 숭고하며, 잘 정돈된 화단, 나지막한 관목 울타리, 여러 가지 형상을 한 나무 조각들은 아름답다. … 숭고는 감동적이며 미는 자극적이다. 숭고의 감정으로 충만한 사람의 표정은 진지하며, 때때로 경직되어 있고 경이로움을 띤다." 칸트에게 '숭고崇高, Erhaben: sublime'란 '절대적 위대함absolute magnum', '단적으로 큰 것', 즉 '측량할 수 없는 것', '측정할 수 없는 것'을 말한다. 다시 말해서 숭고란 우리의 마음에 측량할 수 없는, 측정할 수 없는 이성의 확장을 의미한다. 그러나 그는 인간이 자연이라는 대상을 바라보면서 느끼는 '압도壓倒'와 '경외敬畏'가 숭고한 것이 아니라, 그 압도와 경외가 일어나는 인간의 심의능력(오성悟性과 구상력 혹은 상상력, Einbildungskraft)이 무한히 확장되는 인간 자체가 숭고하다고 주장한다. 예컨대 드넓은 바다, 깎아지른 듯한 기암절벽, 덮칠 듯이 쏟아지는 폭포 등을 바라볼 때에 느껴지는 인간 정신의 공포와 경외의 감정이 숭고하다고 말하는 것이다.

칸트에게 있어 모든 인간의 이성은 감관感官을 초월하여 대상을 사유할 수 있으며, 심지어 무한한 것, 절대적인 것을 사유하는 능력이 있다. 절대적으로 큰 것, 단적으로 큰 것은 밖에서 구해질 수가 없으며 오로지 우리의 사유에서만 발견될 수 있다. 우리는 우주와 자연만물, 신까지도 사유 가능하다. 그래서 인간이 숭고한 것이다. 이러한 숭고 개념은 이미 고대 그리스 수사학자 롱기누스Dionysios Longinos(BCE 217-273?)에게서 발전되어 버크E. Burke(1729-1797) 그리고 칸트와 그의 영향을 받은 루돌프 오토R. Otto(1869-1973)에 이르게 된다. 숭고는 무한한 크기 혹은 신적 위대함의 표상이다. 롱기누스에 따르면, 숭고는 치솟은 높음, 큼을 의미한다. 칸트는 이러한 개념을 받아들여 "단적으로 큰 것was schlechthin groß ist"을 숭고라고 말했던 것이다. 먼저, 롱기누스는 참된 의미에서 큰 것은 완전한 것이요 바로 그런 까닭에 신적인 것이라고 주장한다. 반면, 칸트는 숭고의 본질을 신적 완전성이 아니라 감성적으로 제약된 유한한 인간성에서 찾는다. 루돌프 오토는 신적 체험의 현상을 '성스러운 것'이라고 규정하고, 그 성스러움 체험의 특징으로 경외tremendum, 신비mysterium, 매혹fascinosum을 든다. 그런데 이러한 특징들이 칸트가 이야기하는 '숭고미'와 매우 흡사하다.

그리스도교의 거룩함(聖潔, Holiness)은 '절대적' 거룩, 성별, 구별이다. 그 구별이나 성별과 비교해서 그 어느 것도 큰 것이 없다. 거룩함 그 자체, 성별, 구별만이 있을 따름이다. 다시 말해서 거룩함은 하느님 자신의 절대적 속성을 일컫는다. 그 거룩하신 하느님에 대한 체험으로 인간도 거룩한 삶이 가능하다. 우리의 인간 정신, 의식 내면에서 행동으로 표출되는 거룩함은 무한자無限者를 경험함으로 이루어지는 내부의 절대적 힘이다. 칸트의 숭고미가 외부 대상(바다, 폭포, 바람, 하늘, 나무 등) 덕분에 야기되는 인간 심성의 절대적 위대함(공포, 경외)을 의미하는 것처럼, 거룩함은 하느님을 경험함으로 빚어진 인간 심성(능력)의 변화이다. 그것은 하느님의 절대적 위대함, 경외와 같은 감정이다. 그래서 끊임없이 우리가 사랑하는 존재로 살아가는 것이다.(E. Burke, Longinos)

칸트는 "유덕有德한 사람은 신을 두려워하지만, 신에 대하여 공포를 느끼지는 않는다"라고 말한다. 이것은 인간이 신의 위대함을 감탄할 만한 심의 능력에 있지 않기 때문이라고 한다. 따라서 오직 인간이 정직함과 하느님의 뜻에 맞갖게 자신의 마음을 인식할 때 비로소 하느님의 의지에 맞는 마음의 숭고성을 자기 자신에게서 인지하고 신의 분노와 공포를 넘을 때, 존재[神]의 숭고성의 이념을 내부에 환기할 수 있다는 것이다.

거룩함의 신비는 절대자의 만남을 통해 이루어지는 인간 경험의 극치이자, 하느님 체험에서 오는 쾌 혹은 즐거움이다. 그런데 이 거룩함의 미美는 하느님이 인간의 내면에서 절대적 위대함으로 압도되는 감정과 변화이다. 이러한 감정과 변화는 품성 변화, 인격 변화 즉 궁극적으로 도덕적, 윤리적 변화를 지향한다. 이것은 조종남 교수도 존 웨슬리John Wesley 신부의 성화를 윤리적 성격으로 규정하는 것처럼, 거룩한 신자가 이웃 사랑과 하느님 사랑에 충일한 윤리적 변화를 말한다는 점에서 잘 드러난다.

특히 하느님을 통해 거룩함을 경험한 신자는 신의 내적 압도와 경외로 말미암아 자신의 무능함을 철저하게 깨닫는다. 인간이 절대자를 만나게 될 때 자신이 한갓 피조물에 지나지 않으며 죄인임을 자각한다는 것이다. 즉 칸트의 숭고미가 인간의 유한성을 깨달은 도덕성과 밀접한 관계가 있듯이, 거룩함의 미는 자기 자신을 아는 것이며, 자기 인식이다. 이와 유사한 맥락에서 루돌프 오토는 죄라는 것을 절대자 앞에서 인간이 느끼는 자신의 허무함이라고 생각했다. 이것은 칸트의 논지에서처럼, 자연이 압도하는 물리적 힘을 경험하면서 자신이 아무것도 아닌 존재라는 것을 깨닫게 되면서, 자신이 이성적 존재, 도덕적 존재라는 사실을 깨닫는다는 점에서 유사한 맥락을 짚어낼 수 있다. 우리가 자연이라는 대상을 바라볼 때 느껴지는 감정, 즉 무한히 큰 것을 표상할 수 없다. 그 때문에 인간의 이성은 우리를 초라하게 하고, 자신의 부족함을 깨닫게 한다. 그럼으로써 무한자 혹은 절대자를 동경하게 된다. 그래서 혹자는 "성화聖化(=聖潔)는 신자가 '자신의 무능'과 자기 안에 아직도 남아 있는 죄를 깨닫고 믿음으로 받는 신앙체험"이라고 말했다.

숭고는 신성과 성스러운 것(칸트적 의미에서 수학적 숭고와 역학적 숭고)과 관계를 맺음으로써 발생한다. 사실 자연에서, 우주를 통틀어 절대적으로 큰 것, 무한히 큰 것을 발견하는 것은 불가능하다. 이런 면에서 인간은 자신의 한계를 깨닫게 되고, 무능하다는 자각이 발생하는 것이다. 이러한 유한성에 대한 절망을 통해 우리의 마음에서 무한자, 절대자와의 조우가 이루어진다. 인간의 유한성에 대한 자각은 결국 종교나 철학에서도 무한자를 요청하게 되고 만나는 계기가 된다. 그럼으로써 하느님에 대한 거룩한 체험을 한 사람은 성령이 강제하는 도덕적 의무를 이행하는 윤리적 존재로 살아가는 것이다. 완전한 거룩함의 여정, 그것은 우리 안의 숭고의 열정, 윤리적 인간으로의 삶을 구체화시킬 때 비로소 완성될 것이다.

칸트가 명시적으로 말하지 않아도 자연에서의 숭고한 것의 나타남은 신성한 것이 나타남이다. 다시 말해서 숭고는 신성한 것의 드러남이다. 이미 이방계 그리스도인은 그리스로 이동하면서 숭고(至高, hupsos)가 신을 지칭하는 것임을 알고 있었다. 그들은 미의 신성한 존재론적 비밀이 숭고 혹은 숭고미라는 것을 간파했던 것이다. 이러한 숭고미를 인간 안에 있는 숭고의 감정 혹은 도덕적 감정을 넘어서, 인간을 숭고한 존재로 부각한 철학자가 칸트라고 볼 수 있다. 이것은 '미가 도덕적 선의 상징'이라고 본 칸트의 시각에서 여실히 드러난다. 또한, 칸트 숭고미의 의의는 그 이전에는 숭고 자체를 신 혹은 신적 속성으로 보았다면, 오히려 그는 숭고를 인간의 심성 능력, 도덕적 영역으로 이끌어냈다는 점이다.

칸트에게 숭고sublime의 감정이 도덕적 존재, 이성적 존재로 가기 위한 '수단'이듯이, 거룩함holiness은 "내가 거룩하니, 너희도 거룩하여야 한다"(레위 11:45)라는 존재론적 명령을 따르기 위한 '수단', 즉 신으로의 고양高揚, Erhebung이다. 거룩함의 신비는 그리스도인이 신과 같이 거룩하게 되어 하느님 사랑, 이웃 사랑의 실천을 위한 신앙생활의 수단이지 그 자체가 목적은 아니다. 그러므로 '거룩함'은 우리 바깥의 초월적 경험을 통해 내 안으로 칩거하는 은둔이 아니라 오히려 우리 안의 숭고한 감정이 지속적으로 세계와 맞닿아 있으면서 이 '세계를 고양'하는 존재Sein적 경험이다.

바깥의 아름다운 것의 '있음'은 우리로 하여금 두려움, 신비를 생각想像, Einbildungskraft: imagination하게 하며, 이것을 통해 나 자신의 죄인 된 실존적 한계를 넘어서려는 구분, 구별, 성별의 몸부림이 도덕적 화신化身이 되어 이웃과 세계에 봉사하는 그리스도인으로 살아가게 하는 것이다. 그런 의미에서 완전한 거룩함의 여정, 그것은 우리 안의 숭고의 열정, 윤리적 인간으로서의 삶을 구체화시킬 때 비로소 완성될 것이다.

8
웨슬리안 전통과 니체의 디오니소스 미학

그리스도교는 니체F. W. Nietzsche(1844-1900)를 반그리스도교적 철학자로 인식하고 그의 철학과 사상에 대해 일정한 거리를 두어 왔다. 그것은 니체가 '신 죽음의 철학'을 주창했던 것으로 알려졌기 때문이다. 그러나 이것은 단순히 무신론적 견해가 아니라 플라톤 이후 형이상학적 세계관의 붕괴를 일컫는 철학적 흐름으로 봐야 한다. 뿐만 아니라 니체가 신의 죽음을 당당하게 선언했던 것은 당시에 그리스도교에서 말하는 신이 인간에게 낯선 존재가 돼버렸다는 것을 그 누구보다도 절실하게 인식했기 때문임을 주목해야한다.("하나의 위험하기 짝이 없는 결심, 즉 이 세계를 추하고 나쁜 것으로 보고자 하는 그리스도교적 결심이 이 세계를 추하고 나쁜 것[häßlich und schlecht]으로 만들었다.", 니체) 더욱이 최근에는 인간의 '몸'에 대한 진지한 반성이 대두됨에 따라 니체의 철학이 각광받으며, 또한 니체 전집 전체가 한국어로 번역되는 쾌거를 이루었다는 데에도 그의 철학에 대한 중요성을 간과해서는 안 될 것이다. 그런 점에서 필자는 웨슬리안 전통의 치유를 논하면서 현대 담론의 한 흐름으로서의 '몸'에 대한 인식과 그 치유의 신학적, 미학적 의미를 니체의 몸 철학적 특성과 유비적으로 검토

해보고자 한다.

　잘 알다시피 니체는 헬라 세계와 아울러 고대 그리스 비극을 연구한 고전문헌학자이다. 그는 음악을 통한 비극을 참다운 예술의 전형으로 꼽았으며, 디오니소스적 비극을 강조하였다. 니체에게 예술의 이중적 힘 혹은 충동은 아폴론적인 것과 디오니소스적인 것으로 나타난다. 전자는 조형예술적 힘, 곧 미술의 신이고, 후자는 술의 신, 곧 음악의 신이다. 니체의 철학을 '생철학' 혹은 '삶의 철학'이라고 하지만, 이것은 니체가 자신의 예술과 철학의 기반을 고통을 끌어안으며 삶을 긍정하는 디오니소스에서 찾기 때문이다.

　웨슬리안은 치유를 먼저 "하느님의 보호로 건강하게 지내는 것"이라고 정의한다. 물론, 여기서의 건강은 육체와 영혼 모두를 지칭한다. 이것은 영혼을 '구원하다 to save'라는 동사와 몸을 '고치다 to salve'라는 동사가 가리키는 것처럼, 구원 salvation이란 개념 자체가 몸의 건강과 긴밀하게 연결되기 때문이다. 교회사적으로 볼 때, 몸은 항상 죄의 상징으로 인식되어 왔다. 이런 이유로 총체적 의미에서의 몸의 구원이 아니라, 영혼의 구원만을 강조했던 것이 사실이다. 따라서 진정한 의미에서의 구원이란 '온몸'(완전한 몸)의 회복이다.

　미학적 신학의 시각에서 보면, 몸은 하느님의 현존 장소요, 만남의 장소, 경험의 통로이다. 그러므로 온전한 구원을 위해서 영혼과 육체, 세계와 인간의 이원론이 극복될 때 비로소 신유의 아름다움이 드러난다. 신유의 미학은 예수의 십자가 고통을 통한, 인간의 고통을 대신 짊어지신 그분의 은총으로 말미암은 치유 사건에서 드러난다. 이것은 심광섭이 말한 것처럼, "십자가의 추醜는 비참하고 참혹한 현실, 죄악과 한과 폭력에 저항하는 예술적 형상화"라고 말한 점에서 신유의 미적 인식의 단초를 찾을 수 있다고 본다. 치유의 사건은 존재의 부정이요, 생명의 부정인 십자가에서 일어난다.(심광섭) 십자가는 생명과 구원을 잉태하기 위한 깊이이며, 우리의 치유를 위한 숭고한 아름다움 그 자체이다.

그런 의미에서 예수는 니체의 디오니소스처럼 인간의 비극과 고통을 자신의 비극으로 안고, 자기의 운명을 사신 분이다. 자신의 찢긴 몸을 통해서 인간에게 영원한 생명력을 나눠주신 것이다. 몰트만 J. Moltmann도 예수 그리스도의 고난 가운데서 하느님도 "병들었고, 연약하고, 도움의 길이 없으며, 장애자가 된 인간의 삶을 받아들이고 그것을 자기의 영원한 삶의 일부로 삼았다. 하느님의 병과 근심을 자기의 고난과 자기의 근심으로 삼음으로써, 병과 근심을 치료한다"고 했다.

인간의 몸은 선과 악을 넘어서 자유를 지향한다. 니체에 따르면, 선善이란 힘의 느낌을, 힘에의 의지 Wille zur Macht를, 힘 자체를 인간에게 높여 주는 것이요, 반면에 악惡이란 무력함에서 기인하는 모든 것이라고 말한다. 그러나 인간의 몸은 고양될 것도, 무력함도 아닌 변화와 운동 가운데 있다. 그 변화와 운동이라는 자연의 법칙과 이치에서 죄와 회개를 통한 하느님의 은총을 체험한 그리스도인은 육체와 영혼의 자유, 즉 자유와 치유를 경험하는 것이다. 다시 말해서 인간의 치유 혹은 구원이란 '온몸에 눈을 뜨는 것'이라고 말할 수 있다. 그런 의미에서 어쩌면 신유는 살아 있는 사람에 대한 깊은 관심, 달리 표현하면 '사람-사랑-삶 살리기' 혹은 '온몸 살리기'라고 말할 수 있을 것이다.

니체는 '미학이란 인간의 문제'라고 했다. 그의 미학에서 핵심 개넘인 디오니소스는 이성의 삶에서 육체적 · 감정적 삶으로의 이행을 의미한다. 디오니소스는 삶의 본질을 육체적 이성으로 파악한다. 뿐만 아니라 디오니소스는 인간의 긍정, 더 정확히 말해서 인간의 삶에 대한 긍정, 인간의 고통과 고뇌에 대한 적극적 긍정이라고 말할 수 있다. 니체의 해석학적 용어, 즉 관점주의(혹은 원근법주의, Perspektivismus)는 삶의 현실을 인정, 긍정, 사랑하며 현실을 통찰하고 삶의 가능성과 지평을 무한히 확장시킨다. 그러한 견지에서 보면, 그리스도교의 치유는 엄밀한 의미에서 죽은 사람에 대해서보다는 산 사람에 대한 건강과 치유에 관심을 둔다. 복음서에 나타난 하느님 나라의 현존의 표징으로서의 치유 이적도 죽은 사람을 위한 이적이라기보다는 주변의 죽음을 애통해하는 산 사람과 삶을 위한(향한) 이적이라고 볼 수 있다.

진정한 치유는 인간의 고통이 세상에 반드시 없어져야 할 강한 부정과 삶 자체에 대한 부정이 아니다. 치유의 신비는 하느님의 현존과 십자가 사건으로 말미암은 초자연적 혹은 자연적 은총으로 인간의 온몸과 삶에 대한 깊은 관심과 사랑에 대한 깨달음으로 나아가게 한다. 따라서 치유의 신비는 질병/악/비현실과 건강/선/현실이라는 이분법적 인식을 넘어서 육체적 즐거움과 생명력에 대한 예찬으로 나아가는 진정한 해방을 경험하는 것이다. 그래서 신유는 '생명 예찬의 신학'이자 '인간 삶의 긍정의 신학', 더 나아가서 통으로서의 '온몸신학'으로 규정할 수 있을 것이다.

혹자는 니체를 일컬어 '고뇌의 철학자' 혹은 '고뇌의 미학자'라고 한다. 인간의 고뇌를 생의 활력으로 보기 때문이다. 몸을 가진 인간은 끊임없이 방황하고 고민할 수밖에 없다. 삶이 운동, 변화하기 때문이다. 니체에 따르면, 인간의 몸은 '힘에의 의지'라는 삶의 법칙에 구속된다. 여기에서 의지란 무엇을 성취하고자 하는 우리의 내적 욕구이며, 힘이란 무엇을 해낼 능력이다. 요컨대 모든 존재자의 존재 내용을 말한다. 그래서 니체에게 있어 예술이란 의지의 세계를 다시 창작하는 것을 의미한다. 웨슬리안 전통은 이제 새로운 삶의 세계를 위해서 '디오니소스적 축제'가 있는 공동체가 되어야 한다. 삶을 긍정하고 육체적 정열이 살아 숨 쉬는 공동체, 그리스도의 죽음으로 화해가 일어나고 인간의 질병을 대신 짊어지신 은총을 바탕으로 관계가 회복되는 공동체가 되어야 할 것이다. 그것은 기존의 근대적, 도구적 이성을 통해 몸의 열정과 긍정을 배제하는 이분법적 사유가 아니라 오히려 몸의 고통을 함께 짊어지는 공동체를 지향한다. 고통을 긍정하는 공동체, 몸을 긍정하는 치유 공동체는 소외된 장애인, 고통을 겪는 약자를 배려하고 돌보는 공동체가 될 때 비로소 온전한 의미에서의 '온몸에 눈을 뜬 공동체'라 말할 수 있을 것이다. 즉 몸의 사회성(치유의 사회성)과 몸의 공동체성(치유의 공동체성)의 구현이다. 또한 몸의 억압에서 해방된 치유 공동체는 몸을 '기능'이 아니라 '인격과 권능'으로 인식할 것(Morton T. Kelsey)을 요청한다. 그래서 몸을 인간과 신이 만나는 장소, 나와 타자(너)가 만나는 장소, 은총의 장소, 소통의 장소로 확장되는 치유의 미학적 인식이 필요하다.

치유의 미학적 인식을 가능케 하는 근거는 예수의 치유 이적 사화이다. 그의 치유 이적은 몸과 자연, 그리고 성스러움이 만나는 '행위 예술' 혹은 '신체 예술'(환자와의 접촉)과 '언어 예술'(말씀)이다(마태 20:29 - 34; 마르 10:46 - 52; 요한 9:1 - 12 등을 참조). 니체가 인간의 삶과 몸에로 되돌아가고자 한 것처럼, 우리는 예수의 치유 예술의 행위에서 삶을 적극적으로 살게 하며 추醜(니체적 의미에서 삶의 몰락)를 넘어서 미를 구현하는 미학적 행위를 통해 힘에의 의지[美](힘에의 감정)를 드러내고, 고통의 현실을 짊어지는 모습을 볼 수 있다.

니체에게 예술은 자신 안에서 자기 자신을 조형하며, 자신의 삶을 작품화하는 것을 의미한다. 마찬가지로 예수의 치유 행위는 삶의 염세주의를 비판할 뿐만 아니라 고통을 삶의 현상으로 인식하고, 삶의 긍정을 통해 '몸의 공동체성'을 치유의 신학, '온몸신학'으로 조형함으로써 그리스도인의 삶의 영성을 가능케 할 수 있을 거라 본다.

9
웨슬리안 전통과 발터 벤야민의 아우라 미학

13세기 중반의 밤베르크 시편, 「최후의 심판」, 13세기 초의 작품으로서 생트 주느비에브 도서관에 있는 부르고뉴의 마르가레트 시편, 「최후의 심판」, 밤베르크 묵시록, 「최후의 심판」, 쾰른 대성당 박물관에 있는 11세기 초의 작품인 아드 그라두스의 기도서, 「심판자 그리스도. 에제키엘서의 네 짐승과 예언자」, 샹티이 콩데 박물관에 소장되어 있는 잉에보르크 시편, 「최후의 심판」, 1150년경의 것으로서 프랑스 생 라자르 성당 정면 입구의 로마네스크 조각인 「최후의 심판」(티파눔), 바티칸 시스틴 성당에 있는 미켈란젤로의 「최후의 심판」(프레스크, 137×12.2m, 1534-1541).

  이상의 예술작품들은 중세의 유명한 작가들이 성서에서 영감을 얻은 '최후의 심판'에 대한 탁월한 종교적 상상력과 그림 언어적 사고를 표현한 것이다. 잘 알다시피 예수 그리스도의 재림과 최후 심판에 관한 이야기는 요한계시록을 비롯한 여러 묵시문학의 문헌에 등장한다. 특히 웨슬리안 전통의 다시 오심 사상의 근간이 되는 요한묵시록은 편지 양식으로 된 묵시문학(예언양식, 신탁양식, 유언양식 등)이라는 문학 장르에 속하는 작품이다. 이제 필자는 이러한 다시 오심의 신비가 그리스도인의 삶으로 들어와서 삶으로 살아내는 그야말로 현실적이면서 동시에 미래적 삶의 재림이 될 수 있는지를 발터 벤야민 W. Benjamin(1892-1940)이라는 철학자이자 미학자의 사상을 토대로 살펴보고자 한다.

벤야민이 주장한 미학적 용어 중에 '아우라Aura'라는 것이 있다. 아우라는 본래의 예술작품이 지닌 어떤 비밀스러움, 생명체 고유의 흉내 낼 수 없는 기운이나 분위기, 본질, 원본성, 심지어 신적인 어떤 것이라고 볼 수 있다. 그런데 벤야민에 따르면, 예술작품의 아우라는 근대의 무한한 기술복제시대에 막을 내렸다고 비판한다. 원본을 무한히 복제해내는 기술은 작품이 가진 본래의 의미를 상실하게 했다고 말이다.

그러나 아우라의 상실이 비단 작품의 본래적 의미를 퇴색시킨 것만은 아니다. 원본적 예술작품에는 인간으로 하여금 흉내 낼 수 없는 거리감과 근접할 수 없는 경외와 경탄이 있다. 그러나 아우라의 상실은 그러한 작품과의 거리를 좁혀주어 대중적이며 친근하게까지 되었다는 것이다. 이것은 나중에 벤야민 특유의 개념인 '범속한 트임 Profane Erleuchtung'으로 발전한다. 범속한 트임으로 인간은 신의 현존을 느낄 수 있으며, 동시에 인간적 깨달음에 다다를 수 있다. 작품을 통해 어느 누구나 소통할 수 있는 상황이 된 것이다.

우리는 벤야민의 미학적 인식을 통해서 두 가지를 짚어볼 수 있다. 재림의 아우라인 본질과 재림의 대중성이라 볼 수 있는 범속한 트임이라는 삶의 의미이다. 재림의 언어는 역사의 단절이 아니라 새로운 삶으로의 이행을 지시해야 한다. 문예학적, 언어 예술적 의미에서 재림에 관한 이야기들은 드라마적 시간이자 완성된 시간이며, 생명을 불어 넣어주고 슬픔과 고통이 해소되는 기능을 한다. 다시 오심은 심판을 지칭하는 하나의 무시무시한 언어라기보다 인류의 시간을 완성하고 아우라를 경험하게 한다. 즉 다시 오심의 거리둠(친근과 경외: 이미와 아직)의 긴장 속에서 원본적 재림과 복제된 다시 오심(반복된 다시 오심)을 통한 범속한 트임으로 승화하게 된다. 다시 오심의 성격이 복제나 흉내 낼 수 있는 것이 아니며, 심지어 그 다시 오심이 지닌 원본적 의미와 그 경외, 떨림, 조바심을 무시할 수는 없다. 그러나 이것만이 오직 다시 오심이 지닌 '미학적 신학의 아우라'라고 한다면 '다시 오심의 미학'은 절름발이에 불과할 뿐이다.

　다시 오심의 미학에는 인간의 행복이 깃들어 있어야 한다. 인간의 행복은 범속한 트임, 즉 인간의 깨달음, 삶의 소통, 삶으로 들어오신 신의 경험, 다시 오심의 언어 속에 계시하신 하느님과의 거리 좁힘이라고 볼 수 있다. 그와 같은 다시 오심의 미학을 잘 표현해주는 리차드 해리스R. Harries의 말은 다시 오심의 삶이 어떠해야 하는지를 시사해준다. "만일 신이 모든 선물의 공급자이고 그 자신 안에 모든 가능한 완전성을 포함한다면, 그는 선과 진리일 뿐만 아니라 또한 미일 수밖에 없다. … 최후의 세계 상태, 새 하늘과 새 땅의 아름다움은 지금도 우리의 세계와 예술 작품들에서 반영된다. … 그러나 무엇보다도 우리의 세계와 우리의 삶에서 반영되어야 한다. 왜냐하면, 우리 각자는 삶 자체와의 관계에서 창조적 예술가이기 때문이다."

　다시 오심은 예수 그리스도를 통한 하느님의 '세계미世界美'(=창조된 질서의 회복)의 완성이다. 그러나 거기에 우리는 수동적으로 머물지 않고 적극적으로 미의 완성에 참여하는 존재가 된다. 바로 삶을 바꾸는 미, 세상을 더 낫게 변혁시키는 존재로서 말이다. 이것은 해리스의 "신은 미의 신이며, 우리는 그의 세계를 변혁시키는 그의 사역에 참여함으로써 그 미에 참여하도록 부름 받았다"라고 하는 주장에서 설득력을 얻는다. 그렇다고 해서 다시 오심의 미학이 원본적 다시 오심을 '소비'만 하는 '유사 재림'일 수는 없다. 벤야민이 말한 것처럼, "종교는 경험의 구체적 총체성"이기 때문에 다시 오심이 지닌 현실적 경험과 미래적 경험 사이의 긴장을 유지하되 이 땅의 현실을 변혁하는 인간 존재로서의 기품 또한 중요하다. 벤야민은 역사가 '계시의 순간'이며, '신의 회상ein Gedenekn Gottes'이라고 했다. 우리는 거기에서 다시 오심 이야기의 붕괴가 아니라 다시 오심 언어의 힘을 발견하게 된다. 역사적 언어, 다시 오심의 언어, 다시 오심의 미학은 스스로 말을 한다. "언어는 영적 내용의 소통을 지향하는 원리이다." "언어는 이성과 계시의 어머니이자, 그들의 알파와 오메가이다."(벤야민)

다시 오심의 언어는 원본적으로 미래만을 지칭하는 사(장된 언)어가 아니다. 그것은 어제도 오늘도 우리의 현실에서 말씀하시는 "살아 있는 말씀lebendiges Wort, 신의 말씀"(벤야민)이다. 근대 이후로 기술복제시대의 아우라는 완전히 상실되었지만, 그 상실이 가져다 준 긍정적 결과는 재림의 반복적 재생, 다시 오심의 복제가 가능하다는 점이다. 이것은 앞서 말한바와 같이, '다시 오심의 소비'로 나타난 부작용인 '유사한 다시 오심'이 아니라, 우리의 삶에 밀착된 원본적인 다시 오심을 기다리며 대중에게 친근하게 다가오는 다시 오심의 삶, 범속한 트임을 말하는 것이다.

그렇다면 다시 오심의 미학, 다시 오심의 심미성은 어디에 있는가. 다시 오심의 주체이신 예수의 아름다움은 폭력, 전쟁, 기만을 미화하는 것을 종식시키고 새로운 세계를 꿈꾸는 낭만이며, 만백성이 시적 상상력의 현실이 펼쳐지는 화해의 미학, 회복의 미학에 참여하는 것에 있다. 또한 다시 오심의 미학은 대중선동과 유토피아적, 이데올로기적 미적 정치, 허구가 아니라, '범속한 트임', 의식의 깨우침, 세계미를 그려내는 사회 예술적 행위이다. 벤야민은 예술작품을 객관적으로 보려 하고, 작품 자체에서 밝혀보라고 말한다. 모름지기 예술작품이란 심미적 구조물로서 형상화된 진리이다. 우리는 다시 오심에 대해 '무엇이다'라고 말할 수 없다. 그러나 다시 오심은 스스로 말하고 스스로 행동한다. 다시 오심은 신의 말씀이자 살아있는 말씀이기 때문이다. 그러려면 문장이 발하는 효과를 위해 인간의 사고를 저지해야 하고, 스스로 말하게 해야 한다. 이것을 발터 벤야민은 '정지상태에서의 변증법Dialektik im Stillstand'이라고 한다.

세계미의 완성을 위해서 그리스도인에겐 작품에 나타난 아우라의 깨우침이 무엇보다 중요하다. 작품에 존재하는 일회적 현존을 맛보며 다시 오심을 대망하는 그리스도인의 자세는 당연할 수 있다. 그러나 '미는 감추어진 것 그 자체이며, 미의 피난처는 진리에 있다.' 이와 같은 미를 드러내려면 작품의 비밀스러운 깨달음이 있어야 한다.

"언어는 의미만을 앞서는 것이 아니다. 언어는 주체인 '나'도 앞선다."(벤야민) 메시아적 시간을 맛보고자 하는 그리스도인이라면 벤야민이 말한 것처럼, 다시 오심이 "언어의 잡동사니"가 되게 하지 말아야 한다. 그러려면 원본적 다시 오심의 삶과 복제된 다시 오심의 삶의 균형이 필요하다고 본다.

10
웨슬리안의 전통과 쇼펜하우어의 해방의 미학

인간의 아름다움을 본 사람은 절대로 불행에 빠지는 일이 없다.
그 사람은 자기 자신과 세계가 조화되어 있음을 느끼게 마련이다.
(괴테)

일반적으로 생각하듯이 예술(철학)이나 미학을 단지 사물 또는 보이지 않는 사물의 본질과 현상에 대한 아름다움에 대해 논하는 학문 분과라고 한다면 그것은 대단히 협소한 의미의 개념 정의이다. 예술이나 미는 그 자체를 통해서 신, 인간, 그리고 자연을 말한다. 다시 말해서 인간과 세계를 읽는 또 하나의 창문이다. 그래서 쇼펜하우어Arthur Schopenhauer(1788-1860)는 예술을 통해서 더 높은 단계와 인간의 본질을 파악할 수 있다고 주장한바 있다. 예술가는 인간에게 주어진 세계를 다른 눈으로 파악합니다. 예술가 자신의 고유한 눈이 있는 것이다. 쇼펜하우어는 그것을 '미적인 직관 방식ästhetische Anschauungsweise' 또는 '순수하고 의지 없는 인식 주관reines, willenloses Subjekt der Erkenntnis'이라고 했다. 칸트I. Kant(1724-1804)의 철학을 계승한 쇼펜하우어는 오성understanding: Verstand이나 이성reason: Vernunft

이 아닌 직관을 통하여 주어진 세계와 현상을 파악한다고 보았던 것이다. 마찬가지로 웨슬리안의 교리은 그리스도인에게 다른 눈으로 세계를 파악하게 해준다. 신, 인간, 그리고 자연에 대한 본질을 꿰뚫어 보는 순수한 시각을 길러 준다는 말이다.

그런데 이러한 예술의 출발점을 제공하는 순수한 주관은 관조觀照, contemplation의 상태에 도달한다. 관조는 추상적 사유 또는 이성의 개념을 통해서 사물을 파악하는 것을 벗어나 있으며, 사물들과 자기 자신의 존재에 대한 집착을 잊어버리는 것을 의미한다. 쉽게 말해서 관조는 '의식의 변화'이다. 쇼펜하우어에 따르면, 관조된 대상의 근원, 출처, 존재 근거에 집착하지 말아야 하며, 심지어 관조하는 사람도 자신을 망각해야 한다. 이것은 마치 예술가가 특정한 대상에 '몰입'할 때와 같은 것이라 할 수 있다. 인간이 특정 대상에 몰입할 때에는 시공간에 대한 의식을 전혀 하지 않는다.

쇼펜하우어의 관조를 종교적 언어로 달리 바꾸어 설명해본다면 '관상觀想'(똑같게 contemplation으로 번역)은 기도하는 나 자신에 대한 존재뿐만 아니라 심지어 하느님이라는 존재까지도 의식하지 않는 상태를 말한다. 굳이 말하자면 하느님 앞에서 '그저 있음' 정도가 될 것이다. 우리가 하느님이라는 신적 대상에 몰입할 때는 시공간에 대한 의식이 사라진다. 우리 자신과 우리가 존재하는 시공간을 의식한다는 것은 그분에게 완전히 몰입한다고 볼 수 없다. 비록 니체F. W. Nietzsche(1844-1900)가 관상적 삶vita contemplativa을 실천적 삶vita activa과 대비시켜 마치 관상적 삶이 실천적 삶을 좀 먹은 것처럼 비판하지만, 실상 관상은 하느님의 내면적 활동이자 신자의 신앙 실천의 노력이다. 따라서 예술가와 신앙인의 유비는 무無의 관심성에 있다고 말할 수 있다. 모든 집착에서 자유로워질 때에야 비로소 순수한 (미적) 본질 혹은 절대적 존재를 경험할 수 있기 때문이다.

웨슬리안의 전통이 추구하는 것은 모든 집착과 소유에서 해방되는 데 있다. 그리스도인의 진실한 신앙생활은 하느님에게 완전히 몰입되는 것인데, 이것은 예술가가 자신의 있음의 존재 사유를 그치고 절대적으로 있음의 존재 방식으로 계신 하느님을 만나는 것이다. 그것은 만나겠다는 결심이 아니라, 집착과 소유에서 자유로운 인간이 될 때에 비로소 그분이 자신을 드러내는 것[啓示]이다. 이와 같이 거듭남의 신비, 거룩함의 신비, 치유의 신비, 다시 오심의 신비도 '하느님의 만남'에 대한 독특한 표현 방식이다. 똑같으신 하느님이 자신을 드러내는 방식의 다양성을 기술하는 것이다. 그러나 만남의 주체는 인간이 아니라, 하느님이다. 웨슬리안의 전통을 통하여 하느님께서 드러내는 방식은, 거듭남의 신비에서 허물 많은 인간에게 다가오시는 하느님을, 거룩함의 신비는 인간의 전생애를 통해 거룩함으로 다가오시는 하느님을, 치유의 신비는 마음과 영혼의 온전함을 위해 다가오시는 하느님을, 다시 오심의 신비는 세계의 정의를 위해 다가오시는 하느님을 열어 보여 주신 것을 나타내는 것이다.

쇼펜하우어는 인간의 미에 대한 인식이 유한하고 고통스러운 인간 자신의 삶의 방식에서 벗어나게 한다고 주장한다. 그에 따르면, 인간이 지닌 맹목적 삶에의 의지는 고통을 경험하게 한다. 그러나 아름다움 그 자체를 경험하는 것은 인간의 영원히 채울 수 없는 의지의 지배에서 벗어나서 고통이 없는 상태에 도달하게 해준다. 아름다움이란 인간이 물질이나 욕망의 획득에서 다가오는 것이 아니다. 그러므로 예술은 인간의 고통을 덜어주며 인간의 유한성을 극복하게 해준다. 또한 삶의 해방과 삶의 위안을 가져다준다. 쇼펜하우어의 예술관과 마찬가지로, 웨슬리안의 전통의 미는 바로 인간의 고통스러운 삶의 방식과 유한성에서 벗어나게 해주는 역할을 한다. 아름다움 그 자체이신 하느님에 대한 체험은 인간이 지닌 육체적 유한성을 인식하게 할 뿐만 아니라 고통스러운 삶의 해방을 느끼게 한다.

웨슬리안의 전통은 그리스도인에게 '해방의 미학'으로 자리 잡아야 한다. 유한한 존재인 인간이 무한한 존재인 하느님을 바라보면서 자신의 유한성을 극복하며 그분과의 완전한 합일을 꿈꾸며, 현세적 삶의 고통을 직시하며 웨슬리안의 전통 근저에 있는 삶의 초월성을 맛보면서 자신의 삶에서 온전한 해방을 만끽하는 존재로 살아가게 해야 한다. 거듭남의 신비가 죄인 된 인간의 죄성에서의 해방이라면, 거룩함의 신비는 비도덕적 사회에서 도덕적 인간으로서의 해방이며, 치유의 신비는 질병과 온갖 약함에서의 해방, 다시 오심의 전통은 인간의 온갖 불의에서의 해방을 의미한다면, 진정 웨슬리안의 전통은 해방의 미학으로 자리 잡을 수 있을 것이다. 안젤라 데이비스Angela Y. Davis(1944 -)가 "해방은 혁명과 같은 의미의 단어이다"라고 말한 것처럼, 웨슬리안의 전통은 인간의 영혼과 몸, 그리고 세계에 대한 자유로운 혁명을 꿈꾼다. 웨슬리안 전통의 신앙 혁명은 이런 의미에서 인간을 위한 구도적 신학이 될 수 있을 것이다. 웨슬리안의 전통은 인간의 욕망적 삶이 얼마나 덧없는지를 깨닫게 하며, 무無에 관심을 두게 하여 욕망에 대한 깨달음을 가능케 할 수 있을 거라 본다. 그것은 무에 대한 인식과 신비를 깨우친 인간 존재가 무한 존재인 하느님을 지향하도록 만들기 때문이다. 거듭남의 신비는 욕망적 인간의 내면을 보게 하며, 거룩함의 신비는 그 잉여적 욕망을 다스리는 능력이고, 치유의 신비는 몸에 대한 집착을 넘어서 타자를 보게 하고, 다시 오심의 신비는 인간의 욕망이 소멸되고 그분만으로 만족한 상태를 체험하는 것이다.

김하풍은 "미의 세계는 무아의 세계"라고 주장한다. 참으로 옳은 말이다. 미 자체에 심취하다보면 나는 없는 것이다. 몰입하는 나는 미적 세계 혹은 영적 세계를 거니는 신과 합일된 나로서만 존재하는 것이다. 에버하르트 윙엘E. Jüngel이 말한 것처럼, 만일 하느님이 대상으로서의 자신의 존재 안에서 우리와 함께 존재하시고 사랑하도록 허락된 분이라면, 미 자체이신 하느님을 통해서 인간은 '존재론적 변화' 혹은 '존재론적 해방'이 가능할 수 있다. 인간의 존재론적 변화와 해방은 종교나 예술에서 똑같이 경험된다는 사실을 유비적으로 잘 설명하는 학자가 소금 유동식素琴 柳東植이다. 그는 "종교와 예술은 둘이면서 하나이다. … 예술은 곧 하느님과 인간 사이의 심연을 없이하는 복음에 동참하는 것이다."라고 하면서, "종교와 예술은 '아름다움'을 추구하고 형상화함으로써 새로운 삶의 세계를 열어간다"라고 보았다.

웨슬리안의 전통은 오늘날 자본주의의 성공에 대한 모방적 체계에 지나친 관심 혹은 잉여적 관심이 몰두해 있는 세계와 사회 속의 인간에게 일체의 욕망을 벗어나 무에 관심을 기울이라고 말한다. 또한 없음의 존재이자 있음의 존재이신 하느님에게만 몰입하라고 말한다. 그리고 온갖 고통스러운 세계를 넘어서 행복의 원천인 하느님을 관상할 것을 일러 준다. 쇼펜하우어의 철학적 미학의 근저에는 이렇듯 종교적 미학이 짙게 깔려 있다고 볼 수 있는데, 필자는 웨슬리안의 전통에서도 그 종교적 미학의 새로운 의미를 길어 올릴 수 있다고 생각한다. 그리스도인의 삶의 세계를 새롭게 열어줄 아름다움을 말이다.

11
아서 단토의 '예술 종말 이후'와
웨슬리안 전통의 미래

예술품이란 위대하면 할수록 한층 더 다양하게 해석될 수 있는 것이다.

(알빈 디이머Alwin Diemer)

헤겔G. W. F. Hegel(1770-1831)이 1828년에 '예술의 종말'을 선언한 이후에 미학과 예술에는 큰 변화가 일어난다. 헤겔에 따르면, 예술과 철학, 그리고 종교는 절대 정신을 드러내는 세 가지 요소로 보기 때문에, 절대 정신의 출현은 역사의 종말이자 예술의 종말이다. 예술이 자기 인식에 도달했을 때, 종말을 고하고 가상(현상)의 영역을 떠나 철학의 영역으로 들어가게 된다. 다시 말해서 이제 예술은 예술가의 몫이 아니라 철학자의 부담으로 안게 되었다는 말이다. 모더니즘은 마치 신앙적 문서처럼 예술이 새로운 사회적, 정치적 질서에서 해야 할 역할을 규정하였다. 그뿐만 아니라 예술이 나아갈 미래의 방향을 명령하는 미적 이데올로기의 역할이 주어졌던 것이 사실이었다. 그러나 아서 단토Arthur C. Danto(컬럼비아 대학교 철학 및 미학 교수)의 다음과 같은 주장은 그러한 모더니즘의 붕괴를 간파한 것이다. "예술작품이 그렇게 보여야 하는, 또는 그렇게 존재해야 하는 특별한 방식 같은 것이 존재하지 않는다는 것, 다시 말해 간단한 손도구도 예술작품이 될 수 있고, 상품 상자나 쓰레기 더미나 한 줄의 벽돌, 속옷 무더기, 도살된 동물 등도 예술작품이 될 수 있다는 것을 예술의 역사가 입증하였을 때, 예술의 본성이 철학적 의식에 충분히 다가갈 수 있게 되었다는 것이 나의 생각이다."

이러한 모더니즘의 미적 붕괴에 선두주자가 된 마르셀 뒤샹M. Duchamp(1887-1968)이 1917년에 일상적 남성용 '변기'를 가지고 〈샘, Fountain〉이라는 작품을 발표했을 때, 예술계는 그야말로 충격이었다. 근대 예술이 형식과 내용, 학파나 아카데미즘을 강조하였다면, 이제 포스트모던 예술은 무형식과 탈학파성을 띤 오브제의 자유로운 표현을 고집하였기 때문이다. 따라서 전통 예술이 그의 작품에 대해 불편한 심기를 드러냈으리라는 것은 자명하다. 단토에 따르면, 뒤샹의 작품처럼 어떤 대상이 예술작품으로 변형된다는 것은 이론적 해석이 필요하다. "대상이 예술작품으로 간주된다는 것은 그것이 해석의 지배를 받게 된다는 것을 의미한다. 예술작품의 지위는 해석에서 비롯되며, 예술작품으로서의 권리가 박탈될 때 그것은 해석의 여지를 갖지 못하는 단순한 사물에 불과하다. 예술작품이란 해석을 부여받을 수 있는 대상임에 반해, 실제 사물은 그렇지 못한 것이다."

미학적 신학의 관점에서 보면, 웨슬리안의 전통은 하나의 신학적 형식이며 그에 대한 내용을 담지하고 있다. 그러므로 웨슬리안의 전통은 끊임없는 신학적 반성을 요하는 신학적 대상과 현상이다. 여기서 신학적 반성이라 함은 시대에 걸맞은 지속적인 해석학적 인식과 요청을 의미한다. 이것은 분명 웨슬리안 전통이 시대적 감각을 가지고 이 시대가 요청하는 신앙인의 필요와 요구에 부응한 것이라고 생각한다. 따라서 웨슬리안의 전통을 현대적 감성으로 풀어내는 작업은 오늘만의 일로 그쳐서는 안 된다. 지금의 성과들을 통해서 앞으로도 사회가 보편적으로 수용하고 인정하는 시대적, 해석학적 반성들이 있어야 할 것이다. 그렇지 않다면 웨슬리안의 전통은 한갓 박제된 신학적, 신앙적 산물로만 남아 있을지도 모른다.

한 가지 주의해야 할 것은 헤겔이 말한 '예술의 종언'이 '예술의 죽음death'이 아니라는 것이다. 가다머Hans-Georg Gadamer(1900 – 2002)가 말했듯이, 예술의 종언은 새로운 예술의 시작이다. 가다머는 현재 직면한 문제를 '불확실성'과 '애매성'이라고 적시했다. 따라서 향후 예술은 정보 기술과 복제기술과 싸워야 한다고 했다. 웨슬리안 전통의 미학적 인식은 웨슬리안의 교리를 통해 신앙의 본질과 그 성격을 규명하고 그리스도인의 삶이 미 그 자체이신 하느님의 뜻에 맞갖게 살아가느냐 하는 것이라 볼 수 있다. 웨슬리안 전통은 가다머가 말한 것처럼 불확실성과 애매성을 극복하고 새로운 신앙적 삶을 개척하려면 세계사적 인식과 함께 문화적 흐름을 간파하는 혜안이 필요하다.

또한 웨슬리안의 전통은 경직된 형식주의와 고착화된 질료주의를 탈피해야 한다. 그것이 의미하는 바가 진짜 웨슬리안의 의 삶과 가짜 웨슬리안의 의 삶을 구분 짓는 척도가 아니기 때문이다. 이제 존재론적 환원 또는 확장보다 더 중요한 것은 끊임없는 생성becoming이다. 포스트모던 예술이 그렇듯 아방가르드Avant-garde(군사적 용어로서 전위예술)나 다다dada(20세기 초에 등장한 무형식의 예술을 말함: 다다는 슬라브어로서 삶에 대한 긍정적 응답을 의미하는 '그럼', '그럼'을 내포 혹은 프랑스어로 무의미하게 중얼거리는 소리를 흉내 낸 말)는 하나의 양식과 하나의 해석만을 고집하지 않는다. 자칫 무엇이든 예술이 될 수 있다는 해방적 선언에서 '무엇이든'이 지닌 의미의 함정이 있을 수밖에 없지만, 웨슬리안의 교리에 대한 해석과 형식은 항상 열려 있어야 할 것이다. 예술의 종언이 새로운 예술의 출현을 알리듯, 감히 웨슬리안의 전통의 종언[쇄신]을 내뱉는다면, 그것은 단토의 "예술의 종말은 예술의 참된 철학적 본성을 깨닫게 된다는 데 있다"는 말이 상기시켜 주듯이, 웨슬리안 전통의 참된 본질과 의미를 추구하기 위한 몸부림의 선언으로 봐야 할 것이다.

가다머는 "미학은 해석학에서 출발하지 않으면 안 된다"는 말을 했는데, 이 말은 미학이 의미 발생을 위한 '의미의 해석학'이 되어야 한다는 것이다. 그러려면 자신의 이해das Sichverstehen가 선행되어야 한다. 자기 이해는 더 나아가서 타인의 이해, 정신의 이해, 실존적 이해, 역사적 이해 등을 동반한다.(A. Diemer) 그러므로 이해라는 것은 지금 여기에서의 의미 발생을 위해서 필연적일 수밖에 없다.

이것은 웨슬리안의 전통에 대한 자기 이해가 진리의 경험을 보편화시키는 해석학적 기술이라면 반드시 하느님과 세계와 타자에 대한 미적 의식과 역사의식의 비판으로 이어져야 함을 깨닫게 한다. 그런 점에서 가다머의 '의미의 해석학'은 알빈 디머Alwin Diemer의 '이해의 해석학'과 맥을 같이 한다. 우리의 생활세계에 대한 이해 없이 진정한 의미의 발생은 가능할 수도 없기 때문이다. 디머의 "이해를 통해서만이 참된 세계에서, 더 구체적으로 말한다면 참된 사회에서 참된 인간으로 된다"는 말은 이해와 의미의 밀접한 관계를 잘 나타내주는 표현이다. 신앙적 의미의 연속성을 먹고사는 그리스도인이라면 반드시 자신의 현실 이해가 무엇보다도 중요한 사안이 될 것이고, 그 의미가 발생된 이야기는 또한 자신의 이해를 새롭게 하는 원환운동圓環運動이 될 것이다. 그래서 웨슬리안의 전통은 예수가 이 땅에 오시는 그 날까지 부단히 '종언적 선언'과 과감한 '쇄신의 해석학'을 통해 그리스도인의 삶을 새롭게 조명해줄 것이다.

"참된 철학적 발견은 다른 것보다 더 참된 예술은 없다는 것, 그리고 예술이 반드시 그래야만 한다는 단 하나의 방식과 같은 것은 없으며, 모든 예술은 동등하고도 무차별적으로 예술"이라는 단토의 주장은 우리에게 시사하는 바가 많다. 웨슬리안의 전통은 이웃종교 혹은 이웃종단들보다 우월하거나 그렇다고 열등한 신학이 아닌 삶에 대한 새로운 미학적 신학으로서의 '대화적 동등'이어야 한다는 점이다. 이것은 단지 신학적 이론 체계에 입각한 사변적 입씨름을 말하는 것이 아니라 사람의 삶의 형식, 더 정확하게 말해서 '그리스도인의 삶의 형식'이라는 점에서 그렇다. 단토는 "하나의 예술작품을 상상하는 것은 그 안에서 이 작품이 어떤 구실을 맡고 있는 어떤 삶의 형식을 상상하는 것"이라고 말한다. 또한 "삶의 형식이란 그저 우리가 알 수 있는 어떤 것이 아니라 직접 살아진 것"이라고 했다. 마찬가지로 웨슬리안의 전통은 하나의 미적 양식으로서 삶의 형식, 즉 우리가 직접 살아가야 할 삶이어야 한다. 그래서 그리스도인의 삶의 형식이 웨슬리안 전통의 '세계 개방적 영성'으로 나타나기를 기대해본다.

12

바흐찐의 대화미학과 웨슬리안 전통의 아방가르드

모든 인간의 삶은 어떤 종류의 예술작품으로 가득 차 있으며, 예컨대 자장가, 농담, 흉내, 집이나 의복, 가구들의 장식에서부터 교회 봉사, 건물, 기념물이나 개선 행진에 이르기까지 걸쳐 있다. 이 모두가 예술적 활동이다.

〈톨스토이 Leo Tolstoy〉

종교 자체는 더 높은 표상 형식을 띤 예술 내용이다.

〈헤겔 G. W. F. Hegel〉

지난 5월 25일 통계청은 2005년도 인구센서스 결과를 발표했다. 이에 개신교는 가톨릭과 불교의 신자 상승률보다 개신교의 현저한 정체 및 하향 추세에 대해 우려를 표명하면서 나름대로의 문제 진단과 함께 겸허한 자기비판도 잊지 않았다. 필자는 이러한 통계를 보고 세 가지 생각을 하였다. 첫째, 현대인은 '선택적 사고'를 한다는 점이다. 이제 사람들은 거대한 종교 시장에서 상품을 고르듯 종교와 신앙을 선택한다. 많은 정보를 수동적으로 접하지 않고 적극적이면서 능동적으로 파악하여 취향대로 종교적 소비를 한다고 볼 수 있다. 이것은 이미 3-40년 전에 사회학자인 피터 버거Peter Berger가 '소비자 선호의 역학dynamics of consumer preference'이라는 말로 설명한바 있다.

첫 번째 생각과 연관하여, 둘째는 대중이 '평면적 사고'가 아니라 '입체적 사고'(다원적 사고) 혹은 '유목적 사고'를 한다는 것이다. 정보와 마찬가지로 신앙도 하나의 채널로 고정된 '정착적 사유'가 아니라 '유목적 사유'를 지향한다. 그래서 현세대는 진리가 여러 사람과 함께 소통되며 공유되는 방식이기를 원하지, 어떤 사람도 정보를 독점하듯 종교가 진리를 독점하는 것을 원하지 않는다. 어쩌면 이것은 모리스 블롱델M. Blondel이라는 철학자가 간파한 것처럼, 현대인은 내적 논리에 따라 마지막까지 그들의 삶을 추구하며 살아가지 않는다는 의미에서 '비본질론extrinsécisme'에 젖어 있는지 모른다. 셋째, 이때에 '웨슬리안의 전통은 어떠한 역할을 해야 할까?'하는 자문을 해보았다. 앞서 말한 것처럼 현세대는 종교에 대해 소비적 성향과 태도를 보인다. 하나의 상품이 잘 판매 되느냐 되지 않느냐 하는 것은 소비자의 구매 의욕, 소비자의 구미(취향)에 달려 있다. 그러므로 생산자는 소비자의 성향에 맞는 상품을 만들려고 무진 애를 쓰는 것이다. 여기서 생산물 혹은 상품의 소비는 생산자와 소비자의 쌍방 커뮤니케이션이 전제되어야 한다는 것을 알 수 있다.

마찬가지로 현대의 종교는 종교를 소비하고자 하는 사람들과 대화를 통한 관계 맺기가 필요하다. 이런 시각에 도움을 줄 수 있는 인물이 미하일 바흐찐M. Bakhtin(1895-1975)이라는 학자이다. 바흐찐은 "타인과 대화적 관계를 맺음으로써 나의 실존적 풍요로움과 완전성을 실현"한다고 보았다. 소위 '대화윤리' 또는 '대화미학'을 주창

한 것이다. 더 나아가 그의 미학적 모토는 이것이다. "미적 활동의 최초의 운동은 감정이입empathy이다." 오늘날 우리가 살아가는 삶의 세계는 하나의 목소리만 들리지 않는다. 많은 다양한 목소리가 공존한다. 이러한 상황에서 바흐찐의 논리는 우리로 하여금 자신의 목소리를 내면서도 타인의 목소리와 공존할 것을 조언한다.

그렇다면, 웨슬리안 전통의 목소리는 무엇인가? 웨슬리안의 교리이다. 웨슬리안의 교리의 목소리는 웨슬리안 자신의 목소리이다. 그러는 동시에 타인의 목소리와 차별되면서 타인의 목소리를 들을 수 있게 만드는 매개체 역할을 한다. 웨슬리안의 교리라는 자신의 목소리가 없다면 웨슬리안 전통과 구별된 타인의 목소리를 간파하기 어렵다. 그러나 웨슬리안의 교리가 자신을 타인 혹은 타자와 구별하는 목소리로만 기능해서는 곤란하다. 웨슬리안의 교리는 타인의 신앙 감정으로 들어갈 수 있는 대화적 매체, 대화미학의 구실로서 기능해야 한다. 그렇게 될 때에야 비로소 바흐찐이 말한 것처럼, "나는 타자의 내적 삶을 영혼으로 체험"할 수 있을 것이다.

여기에서 웨슬리안 전통의 상품 가치를 드높이려면, 웨슬리안의 교리 그 자체를 '객관화'시킬 수 있어야만 한다. 곧 웨슬리안 전통의 고유한 경험이 타자에게 전달되어야 하며, 그 경험의 보편성을 위해 웨슬리안 전통과의 관계에서 타자가 되어야 한다. 다시 말해서 웨슬리안의 전통을 올바르게 평가하고 타자에게 이해시키려고 한다면, 우리는 타자의 관점에서 자신을 평가해야만 한다는 것이다. 그래서 바흐찐은 이렇게 말한다. "미학적 활동의 첫 번째 단계는 나를 그 사람(타자) 안으로 투사(감정이입)하여 그의 내부에서 그의 삶을 체험하는 것이다. 나는 그가 체험하는 것을 체험(보고, 알고)해야 한다. 즉 나는 자신을 그의 위치에 놓아야 한다."

웨슬리안의 전통은 새로운 세대, 새로운 신앙, 새로운 교단, 새로운 세계를 위한 아방가르드Avant-garde 역할을 할 수 있을까? 지금까지 웨슬리안의 전통은 모든 독백적 언어와 실천으로서 존재하였던 것을 과감하게 탈피하고 대화적 언어와 실천을 낳는다면 웨슬리안 전통의 아방가르드는 성공할 거라 생각한다. 웨슬리안의 교리의 언어는 단지 자신만 알아들을 수 있는 언어가 아니라 우리가 사는 세계의 구성원이 함께 알아듣고 공유하면서 더 나은 실천을 발생시키는 언어가 되어야 한다.

모름지기 아방가르드에서는 모든 사물(오브제)이 예술로서 승화될 수 있다. 예술가가 선택한 모든 사물과 대상이 하나의 예술작품으로 탄생하는 것이다. 아방가르드에 의해 예술이 생활권으로 들어오게 함으로써 예술가는 세계를 새롭게 의미 부여하며 해석하기 때문이다. 또한 아방가르드는 일상적 세계가 미적 대상임을 알리는 신호탄이다. 지금까지 실현되지 않았던 것들이 예술로서 인정받기 시작한 것이다. 그러나 여기에도 분명한 기준이 있다. 예술가가 선택한 사물이라고 다 예술작품이 되는 것은 아니다. 작품을 감상하는 관조자들의 공감, 혹은 감정이입이라는 의사소통이 이루어져야 한다.

마찬가지로 건전하고 깊이 있는 신앙함은 대화와 만남을 통한 소통의 미학에서 이루어질 수 있을 것이다. 거듭남의 신비, 거룩함의 신비, 치유의 신비, 다시 오심의 신비는 웨슬리안 전통만의 게토화된 용어로 그친다면 아무런 의미가 없다. 전통의 색깔이자 목소리이지만, 그것을 넘어서 타자와 소통하는 거침없는 언어가 된다면 웨슬리안의 전통은 세계를 새롭게 구성하는 언어가 될 수 있을 것이다. 그것은 곧 바흐찐이 한껏 문학적 기교를 뽐낸 "나의 현재적 존재, 나의 소피아적 존재가 내 안에서 춤을 추고, 타자가 내 안에 춤을 춘다"는 춤(축제)의 제의성祭儀性이 가시화되는 세계라고 말할 수 있다.

웨슬리안의 전통은 하느님의 흔적이자 그리스도인의 흔적이다. 이 흔적은 늘 해석에 열려 있고, 그 해석은 새로운 삶을 발생시킨다. 그러려면 웨슬리안의 전통은 삶의 언어, 신앙 언어로서 타자와 교감, 동감되어야 한다. 그래서 웨슬리안 전통의 미학적 진리성이 우리 가운데 나타나 새로운 삶을 연주하도록 해야 한다. 웨슬리안 전통의 언어는 사어死語가 아니라 늘 새롭게 보여주는 하느님의 얼굴이자 그리스도인의 얼굴이 되어야 한다. 웨슬리안 전통의 언어에서는 삶의 단면성이 아니라 총체성이 드러나 그리스도인의 얼굴뿐 아니라 하느님의 얼굴을 볼 수 있어야 하고, 하느님의 얼굴을 타자 속에서도 만날 수 있어야만 한다. 이것은 거듭 웨슬리안 전통의 현실성이 대화(미학)에서 드러나서 세계, 종교, 사회적, 보편적 인간과 새로운 언어(해석된 언어)로 대화해야 한다는 것을 뜻한다. 웨슬리안의 전통은 '그리스도인만'이 내리는 신앙적 잣대나 판단이 아니라 '사회적 구성원'으로서 내리는 설득력과 보편성을 획득해야만 한다. 이것은 그리스도인의 인식이 인류 보편의 신앙 의식, 윤리 의식으로 소통되려면, 곧 '다른 사람의 처지에서 생각해야 한다'는 칸트의 공통감sensus communis이나 바흐찐의 대화미학이 줄곧 강조하는 것이다. 다시 말해서 웨슬리안 전통의 아방가르드는 이제 웨슬리안 자신의 말(웨슬리안의 교리)만 전하려는 단선적이며 권위적인 교조주의에서 탈피하여 대화적 언어를 통해 서로가 풍요롭게 되는 세계를 꿈꾸는 것이다.

제3부

웨슬리안 전통의 신학과 영성적 삶

1
니고데모의 웃음과 거듭남의 경이

여느 날과는 달리 그날 아침은 찌는 듯한 더위의 날씨였습니다. 바리사이파의 우두머리격인 니고데모가 사람들을 만날 때마다 괜한 일로 짜증을 내는 것도 당연한 일이었습니다. 때마침 유대 전역에서는 예수라는 인물이 율법에 대해 참신한 해석을 내놓아 사람들에게 인기가 대단했습니다. 그러니 이 또한 니고데모의 심기를 불편하게 했겠지요. 그런데 그 사람이 이 마을에 들른다 하니 니고데모 자신은 그간 벼르던 참에 잘 되었다고 생각했습니다. 그 동안 갈고 닦았던 말솜씨로 예수를 단번에 제압하겠다고 단단히 마음을 먹었습니다.

그날 밤에 니고데모는 예수가 묶는 숙소로 찾아가 딴에는 정중하게 인사를 올리고 칭찬 또한 잊지 않았습니다. "선생님께서 하시는 일은 반드시 필요한 일입니다. 어디 그뿐이겠습니까? 선생님께서 하시는 일은 야훼께서 함께 하시지 않으면 될 수도 없는 일이지요." 예수는 건방을 떠는 니고데모를 향해 일격을 가합니다. "내가 진심으로 우러나와서 네게 말하는 것이지만, 사람이 맘이 고와야지. 안 그러냐? 너는 먼저 다시 태어나야겠구나. 거듭나지 않으면 하느님 나라를 볼 수가 없지. 너는 눈을 뜨고는 있지만, 정작 하느님 나라를 보지 못하고 있구나. 거듭난 눈이 있어야 사물과 현상의 이면을 바로 볼 수 있지 않겠느냐." 앗, 이럴 수 있습니까? 니고데모 정도면 그래도 바리사이파의 수장인데 제대로 겨뤄보지도 못하고 오히려 한 수 가르침을 받고 말았으니 그 체면이 말이 아니었겠지요. 순순히 물러설 수가 없었습니다. 만면에 미소를 띠고 예수님께 공격해 들어갑니다. "에이, 예수님도 사람이 한번 태어나면 그만이지 어떻게 또 다시 태어난단 말입니까? 어머니 뱃속으로 다시 들어가라는 말씀입니까?"

드디어 니고데모는 예수의 입을 꽉 다물게 할 만한 포석을 두었다고 생각했습니다. '천하의 예수도 이번만큼은 나의 지적에 제대로 답변을 못하겠지. 이제야 내 체면과 자존심을 살리고 우리 바리사이파 회원들도 나를 우러러 보겠지.' 그러나 예수의 막힘없는 달변은 니고데모의 무지를 드러내고 맙니다. "내가 다시 한 번 납득하도록 말해주마. 그러니까 내 말은 누구든지 하느님의 말씀과 성령의 세례 없이 하느님 나라에 들어갈 수가 없다는 말이다." 그 순간 니고데모의 얼굴에 피식 웃음이 묻어났습니다.

구약에서도 아브라함에게 아들을 주겠다고 하느님이 말씀하실 때 사라가 그만 웃었다는 이유만으로 아들의 이름을 '이삭'이라고 지었다 하잖아요. 아브라함과 사라는 그 늙은 나이에 자식을 생산하리라고는 꿈에도 생각하지 못했기 때문에 난데없는 하느님의 말씀은 납득이 안됐겠지요.(창세 17 - 18장 참조) 어디 그 뿐인가요? 요한복음에 나오는 니고데모는 거듭나지 않으면 하느님 나라에 들어갈 수 없다는 말을 모태에 다시 들어가는 것으로 오해를 하고 말았잖습니까? 거듭난다는 것에 대해 잘 이해가 안 되었을 뿐 아니라 그 사실은 경이로웠을 것입니다. 이렇게 니고데모는 살[肉身]로 오신 예수의 말씀을 잘 알아듣지 못했습니다. 사실 예수가 말(로고스)로 오시고 살로 오셔서 우리와 함께 사심을 믿으면 '새생명'이 되는데 말입니다.

돌이네 흰둥이가 똥을 눴어요. 골목길 담 밑 구석쪽이에요. 흰둥이는 조그만 강아지니까 강아지똥이에요.

상상이 가세요? 이야기는 또 이렇게 이어집니다.

날아가던 참새 한 마리가 보더니 강아지똥 곁에 내려앉아 콕콕 쪼면서 "똥! 똥! 에그 더러워……."하면서 날아가 버렸어요. 바로 저만치 소달구지 바퀴 자국에서 뒹굴고 있던 흙덩이가 곁눈질로 흘끔 쳐다보고 빙긋 웃었어요. "뭣 땜에 웃니, 넌?" 강아지똥이 화가 나서 대들 듯이 물었어요. "똥을 똥이라고 않고 그럼 뭐라 부르니? 넌 똥 중에서도 제일 더러운 똥이야!" 강아지똥은 그만 "으앙!" 울음을 터뜨려 버렸어요.

한참이 지났어요. "강아지똥아, 내가 잘못했어. 그만 울지마." 흙덩이가 정답게 강아지똥을 달래었어요. "……." "정말은 내가 너보다 더 흉측하고 더러울지 몰라……" 흙덩이가 얘기를 시작하자 강아지똥도 어느 새 울음을 그치고 귀를 기울였어요. "…본래 나는 저어쪽 산비탈 밭에서 곡식도 가꾸고 채소도 키웠지. 여름엔 보랏 빛 하얀 빛 감자꽃도 피우고……." "그런데 왜 여기 와서 뒹굴고 있니?" 강아지똥이 물었어요. "내가 아주 나쁜 짓을 했거든. 지난 여름, 비가 내리지 않고 가뭄이 무척 심했지. 그때 내가 키우던 아기 고추를 끝까지 살리지 못하고 죽게 해 버렸단다."

"어마나! 가여워라." "그래서 이렇게 벌을 받아 달구지에 실려오다가 떨어진 거야. 난 이젠 끝장이야."

그때 저쪽에서 소달구지가 덜컹거리며 오더니 갑자기 멈추었어요. "아니 이건 우리 밭 흙이잖아? 어제 싣고 오다가 떨어뜨린 모양이군. 도로 밭에다 갖다 놓아야지." 소달구지 아저씨는 흙덩이를 소중하게 주워 담았지요. 소달구지가 흙덩이를 싣고 가 버리자 강아지똥 혼자 남았어요. "난 더러운 똥인데, 어떻게 착하게 살 수 있을까? 아무짝에도 쓸 수 없을 텐테······." 강아지똥은 쓸쓸하게 혼자서 중얼거렸어요.

겨울이 가고 봄이 왔어요. 어미닭 한 마리가 병아리 열두 마리를 데리고 지나가다 강아지똥을 들여다봤어요. "암만 봐도 먹을 만한 건 아무것도 없어. 모두 찌꺼기뿐이야." 어미닭이 고개를 절레절레 흔들며 그냥 가 버렸어요. 보슬보슬 봄비가 내렸어요. 강아지똥 앞에 파란 민들레 싹이 돋아났어요. "너는 뭐니?" 강아지똥이 물었어요. "난 예쁜 꽃을 피우는 민들레야." "얼마 만큼 예쁘니? 하늘에 별만큼 고우니?" "그래, 방실방실 빛나." "어떻게 그렇게 예쁜 꽃을 피우니?" "그건 하느님이 비를 내려 주시고 따뜻한 햇볕을 쬐어 주시기 때문이야." "그래애ㅡ. 그렇구나ㅡ." 강아지똥은 민들레가 부러워 한숨이 나왔어요. "그런데 한 가지 꼭 필요한 게 있어." 민들레가 말하면서 강아지똥을 봤어요. "······." "네가 거름이 돼 줘야 한단다." "내가 거름이 되다니?" "네 몸뚱이를 고스란히 녹여 내 몸 속으로 들어와야 해. 그래야만 별처럼 고운 꽃이 핀단다." "어머나! 그러니? 정말 그러니?" 강아지똥은 얼마나 기뻤던지 민들레 싹을 힘껏 껴안아 버렸어요.

비는 사흘 동안 내렸어요. 강아지똥은 온 몸이 비에 맞아 자디잘게 부서졌어요……. 부서진 채 땅 속으로 스며들어가 민들레 뿌리도 모여들었어요. 줄기를 타고 올라가 꽃봉오리를 맺었어요. 봄이 한창인 어느 날, 민들레 싹은 한 송이 아름다운 꽃을 피웠어요. 향긋한 꽃냄새가 바람을 타고 퍼져 나갔어요. 방긋방긋 웃는 꽃송이엔 귀여운 강아지똥의 눈물겨운 사랑이 가득 어려 있었어요.

어때요? 자신의 온몸을 녹여서 예쁜 생명을 탄생시킨 강아지똥이 아름답지 않으세요? 저는 권정생 선생님의 『강아지똥』이라는 작품을 제 아들의 책꽂이에서 발견하고는 참 재미있게 읽었답니다. 그러면서 이 이야기가 웨슬리안 전통의 "거듭남의 신비"와 어쩌면 이렇게 닮았을까 하는 생각을 하게 되었지요.

사실 강아지똥과 민들레꽃은 잘 어울리지 않는 것 같지요. 그 모습을 상상만 해도 피식 웃음이 나올 것만 같네요. 이렇게 미소나 웃음은 잘 이해가 안 되는 때에도 발생합니다. 영미 철학자 중에 칸트 미학의 대가인 테드 코헨Ted Cohen은 인간이란 "뜻밖에 일어난 사태를 어떻게 이해할지를 몰라서 그저 웃어 버릴 수 있다"고 했습니다. 그러니까 웃음이란 "완전히 이해되지 않는 어떤 것으로 그것의 불가해한 면을 받아들인다는 것입니다. 언제나 혼란스러우며 우리를 넘어선 것이면서 우리가 발 딛고 사는 세계에 대한 수용입니다."

우리는 거듭남의 신비를 생각하면 웃음이 나올지도 모릅니다. 그 불가해성不可解性과 혼란함 때문에 말입니다. 그러나 그 웃음은 이 땅에 있는 모든 사람과 함께 사시려고 예수가 살[肉身]이 되어 오셨다는 것을 받아들일 때 진정한 의미가 될 것입니다. 살이 하찮은 것일

수 있지만, 그것은 살리는 은총(되살림의 은총)이 됩니다. 똥이 천대받는 것이지만, 민들레꽃, 생명의 꽃으로 만개하도록 한 것은 이미 똥이 생명을 품고 있었기 때문인 것과 같지요.

예수의 살로 오심이 우리에게 생명을 주시기 위함임을 깨닫고 그 사건을 믿음으로 고백하면 그것이 구원이요, 거듭남의 신비입니다. 예수의 살과 만나는 은총의 경이驚異로움을 깨닫는다면, 그 뜻밖의 사건에 우리는 웃음 지을 수밖에 없겠지요. 그래서 그분을 생각할 때마다 웃음 짓는 나를 보는 것은 또 하나의 '거듭남의 표정'(표징)이라고 생각합니다.

2
아! 나의 생명은 그분의 생명이어라

뙤약볕 아래에서 일하는 건 죽기보다 싫은 때가 있지만, 우리 공동체의 먹거리를 위해서는 어쩔 수 없는 일이지요. 때마침 스승께서 우리를 부르신다고 하네요. 잠시 오침을 취할 시간을 벌었습니다. 항상 웅숭깊은 이야기가 진행되지만, 요즘 스승의 말씀 시간이 조금 길어졌거든요. 그래서…… 오늘 분위기는 어제보다 더 무겁네요. 그도 그럴 것이 요즘 유대교와의 관계가 시간이 지날수록 악화일로를 걷고 있거든요.

나의 스승 예수는 사람이 거듭나지 않으면 하느님 나라에 들어갈 수가 없다고 하셨는데, 우리가 그것을 이해하지 못하는 것을 보고 늘 한숨만 짓고 계셨지. 그러던 어느 날, 그러니까 스승께서 돌아가시기 얼마 전이었던 걸로 기억이 되는 구나. 우리를 데리고 산에 오르신 적이 있었지.

이미 백발이 되어버린 요한은 자신의 수염을 쓰다듬으면서 깊은 회상에 잠겼습니다.

스승은 마치 아버지께 보고를 하듯이 자신이 하신 일을 하나둘씩 말씀하고 계셨지. 그 중에는 우리를 위한 애정 어린 기도도 빠지지 않았어. 나는 당신의 얼굴빛에서 아쉬움과 비장함이 교차되는 것을 볼 수 있었어. 그분의 기도는 나의 마음을 아리게 하였단다.

"저는 이들을 위하여 빕니다. 세상을 위해서가 아니라 아버지께서 저에게 주신 이들을 위하여 빕니다. 이들은 아버지의 사람들이기 때문입니다."

자신을 이해하지 못한 제자들을 위해서 그렇게 안타깝게 기도하시는 모습은 처음이었던 것 같았지.

"아버지께서 아들에게 모든 사람에 대한 권한을 주셨으니, 아버지께서 주신 모든 이에게 아들이 영원한 생명을 주도록 하십시오. 영원한 생명이란 홀로 참 하느님이신 아버지를 알고 아버지께서 보내신 예수 그리스도를 아는 것입니다."

불현듯 우리는 깨닫게 되었지. '아, 우리가 예수님을 안다는 것이 머리로만 아는 것이 아니라, 그분을 온몸으로 체험하는 것이구나.' '존재나 나의 인격 전체를 투여하여 참여하는 것이구나' 라는 것을 말이야. 그런데 우리는 예수님과 너나들이 하면서 왜 그와 같은 깊은 친교를 맺지 못했단 말인가. 어디 그뿐이던가? 예수님이 일평생 꿈꿔왔던 것이 사람의 생명을 돌보는 일이었는데, 생명을 낳고 키우고 회복하는 것인데…….

스승은 무언가 회한이 남는 듯 말을 잇지 못하고 끝내 눈물을 보이고 말았습니다. 잠시 말씀을 멈추시더니 눈물을 닦고는 다시 말씀을 이어 나가셨습니다.

그때 그렇게도 입버릇처럼 말했던 '테슈바teshuvah'(회개)라는 말이 피부로 다가오긴 처음이었단다. 아아, 그분의 생명이 나의 생명이구나. 그분의 부르심이 하느님의 부르심이었구나. 그날따라 스승의 말씀이 야훼의 소리로 들리더구나. 아, 그렇구나. 생명이신 하느님, 생명이신 예수께로 돌아가는 것이 '테슈바'로구나! "나를 배반하고 떠나갔던 자들아 돌아오너라."(예레 3:14)라고 말씀하시는 소리가 굉음으로 들리는 순간이었단다.

저의 스승의 스승 예수는 우리의 영원한 생명이 나만의 것이 아니라 이웃과 함께 나누어야 한다고 생각하셨습니다. 그분의 생명은 나만의 것이 아니라 모든 사람의 것이니까요. 그것을 인정하고 받아들이는 것이 새로운 생명을 얻게 되는 것이지요. 대스승이신 예수는 하느님께서 자신에게 부여해주신 생명 살리기가 하느님의 일이자 자신의 일이라며 마지막 떠나시기 전에 하느님께 고백의 기도를 올렸던 모양입니다. 우리는 모두 언젠간 한번은 죽게 될 텐데, 마지막에 무슨 고백의 기도를 올릴 수 있을는지요. 그날 저는 무척 심난했답니다. 저도 지금은 스승의 교지教旨를 받들어 또 다른 제자들에게 예수 그리스도의 구원의 도를 전한답니다.

오늘은 탈무드에 나오는 한 이야기를 읽고 생각해보자.
어느 농부가 개를 한 마리 기르고 있었지. 그 개는 강아지 때부터 함께 살아서 마치 가족과도 같았어. 아이들은 그 개를 아주 좋아해서 잠잘 때도 침대 밑에 개를 재우곤 했어. 매일 같이 뒹굴며 아이들과 함께 뛰어노는 개는 매우 영리해서 멀리서 아이들의 발자국 소리를 알아듣고 마중을 나올 정도였어. 어느 무더운 여름 날이었지. 가족들은 모두 들로 일하러 나가고, 개만 혼자 남아 집을 지키고 있었어. 그런데 어디선가 '쉬익쉬익'하는 소리가 들려왔지. 개는 두 귀를 쫑긋 세우고 소리가 나는 쪽으로 살금살금 다가갔어. "멍멍, 뱀이다!" 글쎄, 기다란 뱀 한 마리가 창고 속으로 쑥 들어가는 게 아니겠어? 이스라엘의 시골에는 무서운 독을 지닌 뱀이 많았거든. 개는 얼른 창고 안으로 따라 들어가 보았어. 하지만, 이미 때는 늦었지. 뱀은 벌써 가족들이 먹는 커다란 우유통으로 들어가 헤엄을 치고 있었거든. "멍멍, 저리 가지 못해!" 개는 뱀을 향해 무섭게 짖어 댔어. 그러자 뱀은 우유통에서 나와 어디론가 사라졌지. 어쩌면 좋지? 우유통 안에는 뱀의 독이 퍼져 버렸으니 말이야. 누군가 그 우유를 먹는다면 큰일이지. 해가 뉘엿뉘엿 저물어 저녁이 되었어.

들로 일하러 나갔던 가족들이 집으로 돌아왔어. 가족들은 맛있는 저녁을 만들었어. 그러곤 창고에 우유를 꺼내러 갔지. "멍멍멍!" 개는 사납게 짖어댔어. 아무것도 모르는 가족들은 개를 혼내 주었어. "아휴, 목마르다. 어서 우유 좀 줘." 주인이 우유를 따라 마시려고 했어. 그때, 개가 뛰어 올랐어. 그 바람에 우유잔이 바닥에 툭 떨어졌어. 개의 마음을 알지 못하는 주인은 불같이 화를 냈지. "아니, 이 녀석이 도대체 왜 이러는 거야?" 개는 얼른 바닥에 떨어진 우유를 핥았어. 독이 든 우유를 핥아먹던 개는 괴로운 듯 몸부림을 쳤어. 그러다가 곧 숨을 거두었지. 가족들은 그제야 모든 것을 알게 되었어. "네가 우리를 대신해서 죽었구나!" 가족들은 슬픈 마음을 달래며 정성껏 개를 묻어주었단다.

이야기는 무엇을 말해주는 걸까? 우리 자신은 다른 사람의 '생명'으로 말미암아 살아간다는 사실을 잘 모르고 살아가지. 어쩌면 구태여 그럴 필요가 없어서 일지도 몰라. 그러나 가만히 생각해보면 나의 생명은 이미 나의 것이 아니라, 알지 못하는 누군가의 생명이라고 볼 수 있어. 한 철학자는 이렇게 말했지. "나라는 사람이 만들어진 것은 고독한 내적 탐색의 결과가 아닙니다. 그것은 타인의 시선 안에서만 형성될 수 있는 것입니다." 어때? 어려운 말이지? 이것을 신앙적 언어로 표현한다면 "나는 예수의 생명의 시선 안에서 형성된다"라고 말할 수 있을 거야. 그러므로 그 생명을 근원으로, 그 생명을 인식함으로 나의 생명도 의미가 있는 것이지. 예수의 생명도 그랬어. 당신의 생명을 버림으로 모든 사람의 생명을 살리신 것이지. 당신의 생명이 하찮아서가 아니라 인간의 생명이 소중하기 때문에 그런 것이야. 우리의 생명을 사랑하시기 때문에 당신의 생명을 버리신 거지. 사람들은 비로소 자신의 생명이 얼마나 값진 것인지를 깨닫고 자신보다 더 사랑해주신 예수를 돌아보기 시작했어. 내 안에 미처 깨닫지 못한 생명을 알게 해주신 예수를 만나보고 싶어하지. 그러고 보면 구원이란 바로 나의 생명을 사랑해주신 예수를 나와 상관없는 존재로 여기지 않고 관심 갖는 것이지. 이른바 '생명에 대한 관심', '궁극적인 것에 대한 관심'이라고 볼 수 있지.

제자들에게 혼신을 다해 대스승 예수의 구원을 풀이해주는데 제자들은 눈을 껌벅껌벅 거리며 게슴츠레한 표정으로 나를 쳐다보고 있었습니다. 아이쿠, 내 풀이가 신통치 않았나 싶더군요. 그래도 나는 열정을 다해 설명하려고 했습니다.

자 자, 진도를 좀 더 나가야 하지 않겠어? 우리에게 그 깨달음이야말로 우리의 생명과 인생이 그분의 은총으로 거듭해서 살아가는 것이고, 다시 사는 것 아닐까? 그것을 우리는 거듭남의 신비라고 부를 수 있을 것 같아. 다시 말하면 우리는 그분의 생명으로 말미암아 새롭게 살아가는 거야. 그것을 신생新生이라는 말로 표현할 수 있을 거야. 나는 이렇게 예수의 생명을 누리고 사는 것이 내가 사는 것이 아니라 그분의 살리심의 은총으로 살아간다는 의미에서 '되살림의 은총'이라고 부르지. 왜냐하면, 그리스도를 인연으로 삼아서 '나'는 '생명'이 되었기 때문이지. 나는 그리스도의 생명으로 살아가는 거야. 그러니까 '나'라는 존재는 그리스도의 생명을 구원으로 인식할 때에 비로소 '나'의 존재를 의식하게 된다네. 그래서 거듭남의 신비는 곧 생명, 생명인식이라고 말하는 것이지.

어느 덧 해는 뉘엿뉘엿 서산을 가리키며 기울고 있었습니다.

3
내가 곧 생명의 빵이다!

사랑하는 친구 보게나. 오랜만에 자네에게 소식을 보내는구만.

난 요즘 들어서 기력이 예전 같지 않다네. 눈도 침침하고 말이야. 더군다나 나는 지금 같아서는 더는 못살 것 같네. 왜 있잖은가. 그치들. 영지주의자라 하던가, 가현설을 주장하는 자들이라 하던가. 스승 예수가 이 땅에 오실 때에 가짜 몸으로 와서 수난 직전에 그 가짜 몸을 버렸느니 하면서 떠들어대는 통에 신자들이 온통 난리지, 유대인은 우릴 보고 회당 공동체에서 당장 나가라 하지. 도통 돌파구가 보이지 않아. 이런 상황에서 내가 죽으면 예수님 볼 낯짝이 없을 것 같단 말일세. 자넨 어떤가? 자네도 요즘 들어서 건강이 많이 안 좋아졌다는 소식을 들었네만. 성령께서 부디 자네를 지켜주시길 비네.

그래서일까? 난 요즘 들어서 부쩍 예수님과 함께 했던 시절을 떠올린다네. 그때 무리는 왜 그리도 예수님을 좋아했던 것일까? 한 끼를 때우고 돌아서면 또 어떻게 한 끼를 해결해야 하나 걱정을 했네마는 그래도 난 그 시절이 너무나 그리워. 눈을 감기 전에 한번만이라도 그 빵맛을 보았으면 좋겠어. 왜 그 있잖나. 자네도 기억하고 있겠지만, 티베리아 어디 근처에서 우리와 많은 무리가 함께 빵을 먹던 곳 말일세. 가관이었지. 난 지금도 그때를 잊지 못하네. 그때는 모두가 힘들었어. 왜 우리 동포라 하기에도 치졸한 그 세리들에게 세금을 납부하기도 벅찼던 시절 아니었나?

우리 스승 예수는 그 어려운 군중의 허기를 채워주시는 구세주였잖은가. 그날 무리가 예수님의 그 기적을 잊지 못해 또 예수님을 찾아 가파르나움으로 떠나는 것을 급기야 말리기까지 하였지. 하지만, 무리는 말을 듣지 않았어. 그저 배가 고팠으니 말이야. 이해는 되었지만, 예수님의 원의는 거기에 있지 않았던 것 같아. 난 이런 말씀을 기억하네.

"썩어 없어질 양식을 얻으려고 힘쓰지 말고 영원히 살게 하며 없어지지 않을 양식을 얻도록 힘써라."

그 무리의 상황을 알고 계셨다면 그렇게 말씀하시는 것이 온당한 것일까 하는 생각을 해보았지. 그러나 예수님은 언제나 현상 이면의 본질을 짚어 주시려고 애쓰셨던 것 같아. 사람들은 이해하지 못했어. 그래서 인지 약간 불만스러운 듯이 이렇게 물었지.

"그렇다면 하느님의 나라를 위해서 우리가 무엇을 해야 합니까?"

일의 대가를 바랐을까? 정말 빵을 원했던 것일까? 난 순간 예수님과 무리 사이의 말없는 긴장을 엿볼 수 있었지. 얼마간의 침묵이 흘렀을까? 예수님은 이렇게 답변하시더군. 왜 그 감탄을 자아내는 매끄러운 말솜씨 말이야.

"하느님께서 보내신 이를 믿는 것이 곧 하느님의 일을 하는 것이다." 난 이 말 한 마디면 군중의 어쭙잖은 논리를 무마할 수 있다고 생각했어. 그런데 무리는 점입가경, 예수님을 자신들의 유도심문에 걸리도록 해서 원하는 것을 얻으려고 한 것 같았지.

"옛 선지자는 하늘에서 빵을 내려 백성을 먹였다는데, 선생님은 어떤 기적을 보여 줄 수 있겠습니까?"

우리 예수님이 여기서 물러나실 분이시던가. 잘 받아치시더군. 장군멍군하면서.

"하늘에서 빵을 내려다가 백성을 먹인 것은 모세가 아니라, 하느님께서 베푸신 생명의 빵이었다."

사람들은 그래도 못 알아차린 거 같았어. 게다가 무슨 말인지도 모르고 예수님께 항상 자신들에게 그 빵을 달라고까지 하더군. 예수님께서 하도 기가 막히셨나봐. 이렇게 말씀하시더군.

"내가 바로 생명의 빵이다." 그러시면서 자신에게 오는 모든 사람은 결코 배고파하거나 목마르지 않을 거라 하셨네.

친구, 자네도 알다시피 그때 사람들은 아무도 그 말을 깨닫지 못했다고 보네. 심지어 우리 제자단도 말일세. 그분 자신이 생명의 빵이라는 말이 도대체 무슨 의미인지 감을 잡지 못했던 거야. 그도 그럴 것이 우리 유대교의 사고로는 도저히 납득할 수 없는 신앙 관념이 아니던가? 어떻게 신이 인간이 된단 말인가? 어떻게 하늘의 빵과 자신을 동일시 한다는 말인가? 그래, 또 기억이 나네. 예수님은 친히 줄 빵은 자신의 살이라고 하셨네. 경을 칠 노릇 아닌가?

그런데 예수님께서 돌아가시고 난 후에 깨닫고 나니 비로소 알 거 같아. 바로 예수님 자신이 생명이라는 말씀을 말이야. 그것은 하나의 '놀라움'이었어. 예수님이 생명 자체라는 것을 깨닫는 것은 '나'라는 존재가 영원한 생명과 결합하는 거야. 그렇지 않나? 예수님은 단순한 생명이 아니라, 단순한 살이 아니라, 영원한 생명이야. 그분 안에 그 생명이 있다는 것을 고백하면 되는 거지. 믿음으로 받아들이면

되는 것이지. 그것은 놀라운 사건이야. 생명은 놀라운 것이잖나? 그 생명이 예수님에게 있었어. 살과 피로 오신 예수님 안에 모든 사람을 살리시겠다는 아버지 하느님의 뜻을 품고 계셨어. 그 하느님은 우리가 단지 배고픔을 달래는, 허기나 채우는 생명적 먹거리에만 관심을 두셨던 게 아니었단 말일세. 그러니 생명의 빵이신 예수님은 사크라멘툼, 즉 신비가 아닐까?

우리가 예수님을 통해서 영원하신 하느님의 품으로 안기는 것은 하느님의 생명으로 돌아간다고 볼 수 있네. 그러니까 요즈음에 우리가 예수님의 죽음을 기억하며 빵을 떼지 않나? 그 빵은 생명을 기억하는 것이고, 우주의 생명에 감사하는 것일세.

자네도 알다시피 "나는 생명의 빵이다."라는 말씀은 그 유명하다던 철인 아리스토텔레스의 형식논리학으로 보면 아무것도 아니잖은가? A는 A이다(A=A). A가 A가 되려면 A이외의 어떤 것도 되면 안 되네. 이미 오래 전 아리스토텔레스는 그것을 '동일률'이라고 이름 붙이지 않았는가. 하나의 사물이 항상 그 자체와 똑같은 것이라고 말하는 것은, 곧 모든 조건아래에서도 그 사물은 항상 똑같은 형태로 존재한다는 것이라고 알고 있겠지? 그것은 좀 어려운 얘기가 될지 모르지만, '실재의 자기 동일성'을 말하는 것이지. 예수님은 일관성 있게 자신을 '생명'이라 말씀하지 않으셨던가? 그 말은 구름과 수증기, 비와 얼음이 모두 물로 구성되는 것처럼, 서로 대립하고 다른 것이 아니란 말일세.

당시 (땅의) 예수와 하늘의 빵이 달라야만 한다는 사고가 예수님의 말씀을 깨닫지 못한 원인 아니었을까 하는 생각을 해보게 되네. 분명히 땅은 땅이고, 하늘은 하늘이지만, 어디 하늘 없이 땅이 있고,

땅 없이 하늘이 있다던가? 예수님은 이미 빵에서 자신의 생명을 보았고, 빵에서 하느님의 사랑을 꿰뚫어 본 것 아닐까? 자네는 어떻게 생각하나? 빵 하나에는 하느님의 숨결과 자연 질서의 법칙, 하늘과 땅의 오묘한 조화가 감추어져 있네. 그러니 예수님은 빵의 이치를 깨닫게 되면, 생명을 알게 되고, 생명을 알게 되면 그 생명이 어디서 오는지 확 트여 알게 되니까 하늘과 땅의 구분이 사라지는 것이지. 어디 그뿐인가? 하늘 아버지와 그 하느님 아버지의 뜻을 받들어 하느님 나라 운동을 전개했던 땅의(인간) 아들 예수 사이에 무슨 차이가 있겠는가.

그러니 예수님을 믿으면 생명 자체가 깨달아지고, 그 생명이 하느님임을 알고 체험하는 것 아닐까? 빵은 단순히 몸의 배고픔을 달래주는 것이 아니라 하느님의 정신, 구원의 깊은 속뜻이 담겨 있다는 것을 깨닫게 하셨던 것일세.

아아, 이런 하도 답답하다 보니 나의 넋두리가 장황해졌네 그려. 미안하구먼 친구. 어디 자네 같은 말동무가 있어야 말이지. 말이 나왔으니 하는 말이지만, 동고동락을 같이 하던 스승님의 제자들이 거반 죽지 않았던가.

여하튼 친구, 나는 이제 우리가 할 일과 신앙의 후손이 할 일은 '우리의 죽을 몸에 예수님의 생명이 살아 있음을 드러내는 것이며'(2고린 4:11), 삶으로 옮겨 묻어나는 것이라고 보네. 죽고 부활하신 예수님의 뜻을 받들어 새로운 생명으로 다시 태어난 우리가 건강하고 성숙한 인간이 되는 것 말일세.

하느님의 영의 위로와 평안이 함께 하기를 빌며 이만 줄이네.

소아시아에서 벗(書).

4
내 안에 있는 하느님의 사랑

오늘은 하루 종일 봄비가 부슬부슬 내린다. 커피향이 방안 가득한데, 마당 푸른 내음이 더욱 내 코를 자극한다. 때마침 마실 나가셨던 아버님이 들어오셔서 모처럼 찻잔을 마주할 기회가 생겼다. "그래, 어미야! 요즘 지원이가 공부에 취미를 붙여서 곧잘 하는 것 같더구나." "네, 아버님. 특히 한자 공부를 그렇게 좋아하네요. 오늘 아침에는 등교하기 전에 성인 성聖자를 공부하고 갔어요." "그래, 성인 '성'이라."

큰 귀[耳]를 가진 사람[人]이 말하는 입[口]에 주의를 기울이는 것을 본 뜬 것이 '聖'일진대, 주의 말씀을 들은(순종) 내가 거룩하여 지는 것이니… 부담스러운 언어, 거룩함. 숨이 턱하고 막힐 거 같은 거룩함. 하느님 자신이 거룩하니 우리도 거룩해야 할 것을 토라는 말하는데, 그래 바리사이파는 그 거룩함이라는 것 때문에 너무 철저하게 남과 자신을 구별 짓고 구분한 거 아니겠어. 그런 폐단을 없애려고 예수님은 율법을 하느님 사랑, 이웃 사랑 단 두 마디로 요약하지 않으셨던가.

그런데 난 항상 의문이었지. 도대체가 사랑하면 이타적 사랑이나 희생적 사랑을 이야기 하지 않는가? 나 자신을 사랑하면 이기적이라

하고 참사랑이 아니라고 하던데, 정말 그런 걸까? 오랫동안 교회를 다니시고 깊은 식견을 지니신 아버님과 대화를 나누고 싶어졌다.

"아버님, 쇼펜하우어A. Schopenhauer(1788-1860)는 '인간의 사랑이란 절대적 생존의지 그 자체'라고 말했잖아요? 그 생존의지라는 말을 내가 살려고 하는 의지 그 자체라고 하면서, 신은 인류에게 사랑이라는 묘약을 주었다고 주장했지요?"

"아가, 나는 쇼펜하우어 같은 사람 잘 몰라. 그러나 네가 말한 논리로 보자면, 인간이 자기를 사랑하는 것은 본능이라고 말할 수 있겠지. 하지만, 그리스도교적 관점에서 보자면, 자기 사랑은 내 안에 있는 하느님의 은총이 내 안에서 작용하는 위로와 평안과 자긍심, 그리고 베푸심이 아닐까?"

"맞아요. 어찌 보면 사랑이란 우리 안에 있는 하느님의 은총이죠. 그러나 우리는 자신을 사랑할 수조차 없는 인간에 불과해요. 어떻게 자신을 사랑한다고 말할 수 있죠? 가만히 생각해보면, 하루에 내 자신이 맘에 쏙 드는 게 몇 번이나 되는지, 나의 행동, 언어, 몸짓, 인간관계, 몸매, 성격, 생활 전부가 맘에 안 들고 사랑스럽지가 않아요."

"그래, 그래서 우리는 자신의 힘으로 사랑한다고 말할 수 없지. 그걸 깨달아야 돼. 하느님께서 우리 자신을 사랑하도록 이끄시지 않으면 사랑할 수가 없단다. 성결의 열매, 즉 사랑은 내게서 오는 것이 아니라 하느님에게서 오기 때문이야. 그래서 굳이 말하자면 성결의 영성, 거룩함의 영성은 하느님 자신이 사랑이듯, 우리도 하느님의 사랑을 품는 것을 말하는 것 아닐까? 요한1서 4장 7절을 읽어봐라. "사랑은 하느님께로부터 오는 것입니다. 사랑하는 사람은 누구나 하느님께로부터 났으며 하느님을 압니다." 또 요한1서 4장 16절에도 "하느님은 사랑이십니다. 사랑 안에 있는 사람은 하느님 안에 있으며 하느님께서는 그 사람 안에 계십니다"라고 씌어 있잖아."

"역시 성서에 대한 맥락 짚기는 아버님을 따를 수가 없군요. 아버님 말씀을 가만히 듣고 보니까 이런 생각도 드네요. 사랑은 신의 선물이요, 은총이기 때문에 선물로서, 은총을 통해 내 자신을 사랑하는 것은 용서 못할 죄인에서 용서하고 사랑하는 의인으로 변화하는 의식이 아닐까 하고 말이에요. 그러니까 우리가 사랑하기 때문에 거룩한 것이 아니라, 거룩하기 때문에 비로소 사랑하는 것이죠. 나 자신조차도 말이에요. 또한 거룩하기 때문에 나에 대해서 올바로 평가하고 나를 다독이고 위로하며 건전한 자아상을 갖는 것 아닐까요?"

"그래, 언젠가 읽은 헤르만 헤세H. Hesse(1877 - 1962)의 작품에 이런 말이 있더구나. '우리가 아는 행복이란 단 한가지 뿐, 그것은 사랑이다.' 헤세는 사랑과 행복을 따로 보지 않은 것 같다만. 나를 객관적으로 바라보고, 평가해서 진정한 나의 나됨을 인정하고 받아들인다면 나를 사랑할 수 있고, 그것으로 말미암아 행복하지 않을까? 그래서 우리 한글의 '사랑'이라는 말이 '생각하다'[思]에서 나왔는지도 모르지. 자기 자신을 곰곰이 그리고 깊게 잘 생각할 때에 비로소 자신을 사랑하게 되니까. 물론, 생각만으로 사랑할 수 있는 건 아니라고 봐. 애미야, 장석남 시인의 「분꽃이 되었다」는 시를 아느냐?"

"잘 모르는데요."

"내가 읊어볼 테니 들어 보렴. 분꽃이 되었다/ 내가 이 세상을/ 사랑한바 없이/ 사랑을 받듯 전혀/ 심은 바 없는데 분꽃은 뜰에 나와서/ 저녁을 밝히고/ 나에게 이 저녁을 이해시키고/ 내가 이 세상에 오기 전의 이 세상을/ 보여 주는 건지/ 이 세상에 올 때부터 가지고

왔다고 생각되는 비애보다도 화사히/ 분꽃은 피어서 꽃 속을 걸어 나오는 이 있다/ 저물면서 오는 이 있다."

"어머 참 좋은 시네요."

"그래? 난 시 해석은 잘 못하지만, 이 시에서 '사랑한바 없이 사랑을 받듯'이라는 말이 내 마음에 와 닿는구나. 어쩌면 사랑은 '받음'이야. 받은 사랑이 내 안에서 나를 나 되게 하고 나 자신의 내면을 밝히고 풍요롭게 하는 거야. 그래서 사랑은 내가 있기도 전에 나를 품고 있었던 게지. 내가 태어나는 순간, 또는 내가 거듭나는 순간 나는 그리스도의 '사랑이 일어나는 장소'로 탈바꿈되는 은총의 사람이 된다고나 할까? 아무튼 나 자신을 사랑한다는 것은 결국 내가 사랑에서 나서 사랑으로 돌아간다는 자명한 이치를 깨닫는 것이며, 그 사랑 안에 내가 머물러 있다는 것 이외에 달리 생각할 수가 없을 거 같구나. 그러나 분명한 것은 내 안에 벌어지는 사랑의 작용은 존재 바깥으로 확장되어감에 따라 사랑이 일어나는 장소가 이웃과 우주로까지 나아간다는 게야."

"그러면 '네 몸과 같이 사랑하라'라는 말씀은 내 안에서 작용하는 하느님의 사랑을 느끼듯이 이웃을 사랑하시는 하느님의 사랑을 느끼며 그 사랑을 이루라는 말씀으로 생각해도 괜찮을까요?"

"그래, 사랑은 머물러 있는 것이 아니라 사랑하는 사람 곁으로 흘러가는 거라 볼 수 있지. 하느님의 자비와 사랑은 나를 사랑하게 하고 그 사랑은 퍼져나가는 거야. 이런 이야기가 있지.

여러 해 전부터 나는 신경이 과민했다. 불안하고 우울하고 나만 생각하는 것이었다. 그래서 만나는 사람마다 줄곧 나더러 달라져야 한다고, 너무 신경과민이라고 말했다. 그러면 나는 그들을 원망하고 또 그들에게 찬동하면서, 달라지고 싶었지만, 아무리 애를 써도 도무지 달라지지 않는 것이었다. 제일 속상한 일은 제일 친한 친구마저 나더러 신경과민이라고, 역시 내가 달라져야 한다고 거듭 주장하여 마지않는 것이었다. 그리고 나는 그 친구 말에도 찬동했다. – 차마 그 친구마저 원망할 수는 없었지만. 나는 자신이 너무나 무력하고 너무나 속수무책임을 느꼈다. 그러던 어느 날, 그 친구가 말했다: 달라지지 말게. 지금 그대로 있어. 자네가 달라지거나 말거나 그게 중요한 건 아니야. 난 자넬 그저 있는 그대로 사랑한다네. 내가 자넬 사랑하지 않을 수가 없거든. 음악처럼 그 말은 귀에 울렸다: 달라지지 말게, 달라지지 말게, 달라지지 말게…. 난 자넬 사랑해. 그리고 나는 긴장이 풀렸다. 그리고 나는 활발해졌다. 그리고 나는, 이 얼마나 희한하고 신기한 일인가. 나는 달라졌다! 이제 나는 안다. 내가 달라지거나 말거나 나를 사랑한다는 누군가를 발견하기 전에는 내가 정작 달라질 수 없었음을. 이런 모양으로 당신은 나를 사랑하십니까, 하느님?

어떠냐? 내게 베풀어주신 사랑을 깨달아 알고, 그 사랑이신 하느님께서 나로 하여금 사랑하도록 만들어 주실 때, 나는 나를 사랑의 눈으로 바라보고 깊은 사랑이 일어나는 장소가 된다고 생각한단다. 우리는 우리의 힘으로 사랑하려다가 오히려 낭패를 보는 수가 있지. 좌절도 되고. 그리스도인인 내가 왜 이러나 하고 말이야. 사랑은 위대하고 우리는 너무 미력하기 때문이야. 그러니까 사랑은 '하는' 것이 아니라 '느끼는' 거란다. 하느님께서는 우리에게 자신의 힘으로 사랑을 성취하라고 요구하시는 것이 아니라 사랑을 받아들이고 인간이 되라고 말씀하신단다. 우리는 그저 사랑을 받아들이고 우리 안에서 그 사랑이 일어나게 하면 되는 거지. 그런 점에서 사랑은 찾아지는 것이 아니라 '오는' 건지도 모르겠다. 헨리 나웬Henri J. M. Nouwen(1932-1996)은 우리의 고민을 잘 표현해주었어. '하느님이 우리에게 사랑하도록 강요했다면, 우리는 참으로 사랑하는 사람들이 되지 못했을 것이다.'"

"거룩함은 오는 사랑, 받는 사랑, 일으키는 사랑이라는 수동의 영성이라는 말씀이시죠? 그런 점에서 거룩함은 '사랑'의 또 다른 표현이라고 생각하면 좋을 거 같아요. 또한 거룩함은 내 마음 쏨쏨이, 내 말의 속자리, 내 듣는 속소리가 맑은 물처럼 속 깊은 자기 안에서 울리도록 하는 것이 참다운 구별이요 정결이라고 정리하면 될 거 같아요."

"그래, 우리 함께 고백하자꾸나. 하느님! 미천한 우리를 이렇게도 사랑하셨군요."

바깥에는 비가 개이고 아름다운 물보라 빛 무지개가 마당으로 드리우고 있었다.

5
여러분이 있는 곳에 사랑이 있게 하십시오!

존경하는 이 권사님! 각별한 사랑과 기도에 감사를 드립니다. 평소 권사님을 생각하면 남달리 그리스도의 사랑을 실천하는 그 신앙적 진지함에 절로 고개가 숙여집니다. 그리고 권사님의 성품과 믿음을 보며 「전원일기」라는 드라마로 잘 알려진 탤런트 김혜자 씨가 떠올랐습니다.

얼마 전에 학교 도서관에서 그녀가 쓴 『꽃으로도 때리지 말라』는 책을 읽은 적이 있습니다. 첫 장을 넘기면 오드리 헵번의 이런 글이 나옵니다.

> 매력적인 입술을 가지려면 친절한 말을 하라. 사랑스런 눈을 가지려면 사람들에게서 좋은 것을 발견하라. 날씬한 몸매를 원하면 배고픈 사람들에게 음식을 나눠줘라. 아름다운 머릿결을 가지려면 하루에 한번 아이로 하여금 그 머릿결을 어루만지게 하라. 균형 잡힌 걸음걸이를 유지하려면 당신이 결코 혼자가 아니라는 사실을 기억하며 걸으라. 물건뿐 아니라 사람도 새로워져야 하고, 재발견해야 하며, 활기를 불어넣어야 한다.

어떤 사람도 무시되어선 안 된다. 당신의 도움의 손길을 필요로 할 때 당신 역시 팔 끝에 손을 갖고 있음을 기억하라. 나이를 먹으면서 당신은 알게 될 것이다. 당신이 두 개의 손을 갖고 있음을. 한손은 당신을 자신을 돕기 위해, 그리고 나머지 한 손은 다른 사람을 돕기 위해.

김혜자 씨는 책을 통해 지구상의 67억이 넘는 인구 중에 12억이 하루 1달러 미만의 수입으로 살아가며, 그들 중 대부분은 가뭄과 전쟁과 빈곤의 희생자라고 말하면서 그들에 대한 애틋한 심경을 전하는 것을 볼 수 있습니다. 또한 1억5천만 명의 아이가 거리에서 먹고, 자고, 일하고, 뛰어다니고, 꿈을 꾼다고 합니다. 그러면서 그녀는 이런 말을 했습니다.

만일, 내가 비라면 물이 없는 곳으로 갈 겁니다. 만일, 내가 옷이라면 세상의 헐벗은 아이들에게 먼저 갈 겁니다. 만일, 내가 음식이라면 모든 배고픈 이에게 맨 먼저 갈 겁니다."

그녀의 사랑이 절절이 녹아 있는 말이었습니다. 독일 철학자 니콜라이 하르트만N. Hartmann(1882 - 1950)은 인격이 세계의 한 부분이며, 인간의 공동 정신이라고까지 말하지 않았습니까? 사랑은 그리스도인의 신앙 인격이라고 생각합니다. 그러니까 우리가 이웃에게까지 우리의 인격을 확장해야 하는 것은 당연한 것이죠.

하르트만에 따르면, 인격이 확장된다는 것은 인격이 자기를 초월해 있으면서, 자기 자신 곁에 머물러 있고 동시에 자기 바깥에 있는 것Aussersichsein이라고 말합니다. 김혜자 씨의 신앙인격은 이렇게 다른 사람들에게 무한히 확장된 것은 아닐까요? 저는 다음의 이야기 역시 아름다운 신앙적 감정이 이웃을 향해 표출된 형태로 볼 수 있지 않을까 생각했습니다.

어느 더운 여름날, 물건을 사러 슈퍼마켓에 가려고 집을 나섰다. 그 시절 나는 한꺼번에 일주일치 식량을 살 돈이 없었다. 그래서 몇 푼 안 되는 돈을 들고 수시로 슈퍼마켓을 들락거렸다. 당시 우리 가족에게 주어진 상황은 너무나 비참했다. 힘들게 암과 투병했던 아내는 젊은 나이에 세상을 떠났고, 여기저기서 날아드는 빚 독촉 청구서는 산더미 같이 쌓여 있었다. 더군다나 내가 시간제 근무를 해서 버는 돈으로는 어린 자식 둘을 먹여 살리기에도 턱없이 부족했다.

그날도 나는 몹시 무거운 마음으로 우유 한 병과 빵 한 덩어리를 사려고 슈퍼마켓으로 향했다. 주머니에는 달랑 4달러밖에 없었지만, 배고픔에 지친 아이들에게 무언가 먹을 것을 사주어야만 한다는 심정뿐이었다.

그렇게 슈퍼마켓을 향해 가던 중 나는 빨간 신호등에 걸려 잠시 차를 세웠다. 순간 도로 오른쪽 잔디밭에서 처량하게 고개를 숙이고 앉아 있는 30대 초반의 부부와 그들의 자녀인 듯한 어린 아이의 모습이 눈에 들어왔다.

여름날의 따가운 햇빛은 어김없이 그들을 내리 쬐고 있었다. 남편으로 보이는 남자는 '일자리 구함. 먹을 것을 주세요!'라고 쓴 종이를 들고 있었고, 그의 아내는 빨간 신호에 멈춰선 자동차

들을 물끄러미 바라보고 있었다. 두 살 남짓 되어 보이는 아이는 팔이 하나밖에 없는 낡은 인형을 들고 해맑게 웃으며 철없이 놀고 있었다. 이 모든 광경은 신호등이 녹색으로 바뀌는 30초 동안 전부 내 눈에 들어왔다.

　나는 갑자기 마음속에 무언가 뜨거운 것이 느껴졌다. 그들을 도와주고 싶은 마음이 간절하게 끓어올랐다. 하지만, 그렇게 하면 아이들에게 줄 우유와 빵을 살 돈이 부족할 게 뻔했다. 고작 4달러로는 나에게 필요한 빵과 우유밖에 살 수 없을 테니까 말이다. 신호가 바뀌는 순간, 나는 그들을 한 번 더 바라보고 자리를 뜰 수밖에 없었다. 그들을 도와줄 수 없었던 데 대한 죄책감과 내게 나누어 줄 돈이 없다는 슬픔이 동시에 밀려왔다. 그런 기분으로 얼마를 갔을까. 하지만, 운전을 하면서도 그 가족의 모습을 도저히 떨쳐버릴 수가 없었다. 그들의 슬픈 눈동자가 뇌리에서 쉽게 지워지지 않았다.

　그들의 고통이 마치 내 것처럼 느껴져 도저히 참을 수가 없었고, 나는 결국 운전대를 다시 돌려야만 했다. 그들 부부를 처음 만났던 길로 다시 돌아온 나는 도로 가까이에 차를 대고 남자에게 내가 가진 4달러 가운데 2달러를 건넸다. 고맙다고 말하는 그의 눈에는 눈물이 그렁그렁 고여 있었다. 나는 그에게 웃음을 지은 후 다시 슈퍼마켓으로 향하면서 생각했다. '빵과 우유를 세일해서 팔지도 몰라. 둘 중 하나밖에 못 산다고 해도 어쩔 수 없지 뭐.' 속으로 걱정이 되었지만, 슈퍼마켓에 이르러서 나는 내 스스로 한 일이 떠올라 기분이 좋았다. 그런데 차에서 내리는 순간, 발에 뭔가 밟히는 느낌이 들었다. 놀랍게도 그것은 20달러짜리 지폐였다. 혹시 누가 떨어뜨린 것은 아닌지 주위를 둘러보았지만, 아무도 없었다. 잠시 고민을 하다가 나는 기쁜 마음으로 그것을 집어 들었다. 그리고 그 돈으로 빵과 우유뿐만 아니라 내게 절실하게 필요했던 몇 가지 물건을 더 살 수 있었다. 결국, 나는 2달러를 나눠주고 20달러를 돌려받은 셈이다. 그리고 집으로 돌아가는 길에 그 가족에게 5달러를 더 나누어주었다.

저는 이 이야기에서 레비나스E. Levinas의 '타자윤리'를 떠올렸습니다. 이야기의 주인공은 바로 타자의 얼굴에서 신을 본 건 아닐까하고 말입니다. 레비나스에 따르면, 타자는 우리에게 얼굴로 나타난다고 했습니다. 게다가 '얼굴의 현현epiphany'이라는 말을 통해 타자와의 절대적 만남을 강하게 표현했지요.

이웃은 나의 타자입니다. 얼굴로 다가오는 그들은 가까이 있음, 가까이 삶(이웃)입니다. 늘 가까이 계시는 신을 만나는 것입니다.(마태 25장) 그들은 또한 타향, 고아, 과부와 같은 약자요, 손님과 같은 존재로서 우리의 환대welcome: hospitality를 받아야 마땅한 타자이지요. 그래서 하느님께서도 우리와 가까이 계셔서 우리를 돌보시고 사랑하시는 것처럼 우리도 그들에게 도움과 배려로 다가서야 하는 것이지요. 즉, 책임적 존재로서 말입니다.

권사님도 아시다시피 거룩함의 또 다른 표현인 사랑은 하느님의 성품입니다. 그 사랑은 하느님께서 우리에게 요구하시는 하느님의 성품, 그리스도인의 인격이죠. 이 그리스도인의 인격은 거룩함의 빛 안에서 사랑으로 드러나게 됩니다. 그런데 하느님께서는 "네가 있는 곳이 어디든지 사랑이 있게 하라", "네가 가는 곳이 어디든지 사랑이 없는 곳이 없게 하라"라고 명령하심으로써 당신의 거룩하심이 사랑으로 표현되기를 바라십니다. 다시 말해서 "사랑으로 네 이웃과 가까이 있어라", "사랑으로 가까이 있는 삶"을 목숨 지키듯 하라는 것(명령)입니다.

사랑은 인식작용이 아니라 감정작용입니다. 그런데 왜 우리는 사랑을 표현하는 데에 합리적 잣대만을 들이대는지 모르겠습니다. 반드시 그리 해야 할 때가 있지만, 사랑에서 이성적 판단이 너무 강하게 작용하면 감성적 행위인 사랑이 일어날 수가 없다고 봅니다. 내게 베풀어주신 하느님 사랑이 논리적이지 않듯이, 내 안에서 일어나는 사랑과 감정은 논리적이거나 이성적으로 풀어낼 수 없는 하느님의 형언할 수 없는 감정일 수밖에 없습니다. 그것을 거룩함이니, 나눔이니, 뜨거움이니, 공동정신이니, 환대니 하는 온갖 표현으로 나타내는 것은 아닐까요?

이른 아침부터 까치의 울음소리가 들려오네요. 귀한 손님이 오시려나 봅니다. 먼 길을 가는 길손이라도 저희 집에 오시려나요? 오늘 그분을 환대할 준비를 해야겠습니다. 두서너 마리의 까치가 주고받는 소리가 참으로 정겹습니다. 주고받는 말은 무엇이었을까요? 혹시 사랑의 언어 아니었을까요? 사랑, 언제 들어도 설레는 언어요, 그러면서 책임의 언어라고 생각합니다. 권사님, 사람과 사람, 하느님과 사람이 주고받는 말과 마음도 이렇듯 사랑이었으면 좋겠습니다. 늘 언제나처럼 말입니다.

가족 모두에게 사랑의 안부를 전합니다. 건강과 더불어 주의 은총이 예수 그리스도를 사랑하는 권사님과 함께 하시기를 빕니다.

6
거룩함, '놔둠'의 영성

마을 뒷산에 녹음이 우거져 눈과 마음을 편안하게 하는 날이었습니다. 모처럼 아이와 함께 자연 나들이를 하기로 했습니다. 사실 산행이나 등산이라는 말보다는 자연놀이, 산과 함께 하는 놀이라는 편이 나을 것입니다. 그러나 평소의 생각과는 다르게 산을 오르면서 마음이 편하질 않았습니다. 온산이 쓰레기로 몸살을 앓는 것처럼 보였기 때문입니다. 달력으로는 6월 초순이건만 날씨는 이미 한여름이나 다름없었습니다.

"지원아, 덥지?" "네, 너무 더워요." "잠시 쉬었다 가자꾸나." "그런데, 아빠, 등산로에 나무뿌리들이 너무 흉하게 드러나 있어요. 많이 아플 거 같은데……." "그래, 맞다. 사람으로 치자면 다리의 피부껍질이 벗겨진 거란다. 같은 길을 수많은 사람이 오르내리기 때문에 나무 주위의 토사들이 깎이면서 생긴 현상 같구나. 쯧쯧. 요즘 사람들은 너무 자신들의 건강을 걱정해서 건강 염려증에 시달린단다. 그래서 사람들은 등산을 해도, 산행을 해도 자연을 벗삼아 놀이를 하면서, 자연과 호흡하고 자연 안에서 인간의 정신과 육체를 자연세계와 일치하려고 생각하지 않는 것 같구나. 자신만 건강하면 된다는 생각에

산이 아파하는지, 상처가 났는지 전혀 느끼지 못하는 거지. 자연을 통해 우리는 새로운 삶을 느껴야 되는데 말이야. 얼마 전에 신문에서는 2020년이 되면 지구 온도가 섭씨 1℃가 된다는 구나. 그러면 지구가 사막화에 물부족에, 기근에, 전염병에 시달릴 거라는 게 환경학자들의 주장이란다." "아빠, 그러면 저와 같은 어린이들의 미래가 암울하잖아요?" "그래, 그래서 지금부터라도 어른들의 삶의 태도는 대단히 중요한 거란다."

"지원아, 이 산을 한번 둘러 보거라. 온통 생명이 숨 쉬는 것 같지 않니?" "잘 모르겠어요." "우리가 사랑의 눈으로 보면 우리가 사는 지구뿐만 아니라 우주는 생명으로 가득 차 있단다. 생명으로 가득 차 있다는 것은 하느님의 사랑으로 가득 차 있다는 것 아니겠니?" "왜요, 아빠?" "왜냐하면, 너 시편 104편 24에서 26절의 내용을 아니?" "아니요?" "거기에 보면 이런 말씀이 나온단다. '야훼여, 손수 만드신 것이 참으로 많사오나 어느 것 하나 오묘하지 않은 것이 없고 땅은 온통 당신 것으로 풍요합니다. 저 크고 넓은 바다, 거기에는 크고 작은 물고기가 수없이 우글거리고 배들이 이리 오고 저리 가고 손수 빚으신 레비아단이 있지만 그것은 당신의 장난감입니다.' 그런 점에서 보면 사람들은 우주와 지구를 잘 의식하지 못하는 거 같구나. 지구의 고통과 신음을 듣지 못하고 느끼지 못한다면 신을 알지 못하는 거와 같지 않을까?"

"너 식물이 노래한다는 말 들어 본적 있니? 실제로 1995년 일본의 15세 소녀 가제오 매르르는 식물에게서 들었다는 음악을 친구들에게 피아노로 옮겨 들려주었다는 구나. 이 소녀는 어려서부터 풀잎과 자주 이야기를 나누었고, 그들이 어깨를 툭 치며 다가와 건네는 목소리를 들었다고 해." "정말요? 에이, 잘 안 믿어지는데요." "그러면 이 이야기는 어때?"

"농촌 진흥청에서 아주 특별한 실험을 하였단다. 실험실에 놓인 작은 뽕나무 잎을 한 연구원이 플라스틱 막대기를 들고 내려쳤더니, 비명을 지르며 벌벌 떨고 신경질 부리는 뽕나무의 모습이 연결된 도표 위에 감정의 곡선으로 요란하게 나타났지. 그래서 이번에는 뽕나무 잎 때리기를 그만둔 연구원이 실험실 밖으로 나갔어. 그리고는 실험실 유리창 앞을 왔다갔다 했는데, 연구원이 실험실 밖으로 나갔을 때 잠시 정상으로 돌아가던 나무의 반응이 그의 그림자가 창문에 비치는 순간 갑자기 플라스틱 막대로 얻어맞을 때와 거의 비슷한 상태로 되돌아 왔다는 거야. 뽕나무는 연구원이 밖으로 나간 것도 물론 알았지만, 놀랍게도 창문에 다시 비치는 그의 그림자를 보고 또 놀란 거란다. 그 실험 결과로, 나무도 귀를 가졌을 뿐 아니라 눈도 가졌고 그 눈을 통해 자기에게 접근해 오는 자, 해를 끼치는 자, 기쁨을 주는 자까지 똑똑히 식별한다는 것을 알 수 있었다고 해." "와, 신기하네요." "그렇지? 그런데 이미 중세의 프란치스코라는 성인은 이러한 사실을 잘 알았던 거 같더구나. 그는 가톨릭에서 생태성인으로 추앙 받는 분이기도 하지. 그분의 글을 읽고 있으면 하느님께서 만드신 피조물을 얼마나 사랑하는지 알 수가 있지. 특히 「태양의 노래」라는 시는 그분의 생태적 감수성을 너무나도 잘 드러내준다는 느낌이 든단다. 어디 한번 읊어 볼까?"

지극히 높으시고 전능하시고 자비하신 주여!/ 찬미와 영광과 칭송과 온갖 좋은 것이 당신의 것이옵고,/ 호올로 당신께만 드려져야 마땅하오니 지존이시여!／ 사람은 누구도 당신 이름을 부르기조차 부당하여이다.／ 내 주여! 당신의 모든 피조물 그 중에도,／ 언니 햇님에게서 찬미를 받으사이다.／ 그로 해 낮이 되고 그로써 당신이 우리를 비추시는,／ 그 아름다운 몸 장엄한 광채에 번쩍거리며,／ 당신의 보람을 지니나이다. 지존이시여!／ 누나 달이며 별들의 찬미를 내 주여 받으소서.／ 빛 맑고 절묘하고 어여쁜 저들을 하늘에 마련하였음이니이다.／ 언니 바람과 공기와 구름과 개인 날씨, 그리고 사시사철의 찬미를 내 주여 받으소서.／ 당신이 만드신 모든 것을 저들로써 기르심이니이다.／ 쓰임 많고 겸손하고 값지고도 조촐한 누나／ 물에게서 내 주여 찬미를 받으시옵소서.／ 아리고 재롱되고 힘세고 용감한 언니 불의 찬미함을 내 주여 받으옵소서.／ 그로써 당신은 밤을 밝혀 주시나이다.／ 내 주여, 누나요 우리 어미인 땅의 찬미 받으소서.／ 그는 우리를 싣고 다스리며 울긋불긋 꽃들과 ／풀들과 모든 가지 과일을 낳아 줍니다.／ 당신 사랑 까닭에 남을 용서해 주며,／ 약함과 괴로움을 견디어 내는 그들에게서 내 주여 찬양받으사이다.／ 평화로이 참는 자들이 복되오리니,／ 지존이시여! 당신께 면류관을 받으리로소이다.／ 내 주여! 목숨 있는 어느 사람도 벗어나지 못하는 육체의 우리 죽음, 그 누나의 찬미를 받으소서.／ 죽을 죄 짓고 죽는 저들에게 앙화인지고,／ 복되다, 당신의 짝없이 거룩한 뜻 좇아 죽은 자들이여!／ 두 번째 죽음이 저들을 해치지 못하리로소이다.／ 내 주를 기려 높이 찬양하고 그에게 감사드릴지어다. ／ 한껏 겸손을 다하여 그를 섬길지어다.

"어떠니? 달과 물, 공기 등을 언니나 누나로, 또 땅을 어머니로 표현한 것을 보면 정말 그가 진짜 성인이라 불릴 만하지?" "그러니까 아빠의 말씀은 거룩한 사람은 자연을 사랑하는 사람이라는 얘기네요? 성 프란치스코처럼 말이지요." "그렇지. 그는 구름의 흘러가는 모양, 새소리, 풀의 흔들림, 물소리, 꽃의 떨어짐, 나무에서 열매를 맺히는 것 등을 보고는 그냥 지나치지 않았어. 거기에 하느님의 사랑이 있다는 것을 알았지. 성 프란치스코는 생명을 사랑하고, 우주를 사랑하고, 지구를 사랑하는 것이야말로 거룩함과 어울리는 것이라고, 짝하는 것이라고 생각했을 거 같아. 성 프란치스코는 어떤 의미에서 우주와 소통한 사람이라고 할까? 그래서 금세기 훌륭한 영성가인 토머스 머튼Thomas Merton(1915-1968)은 이런 말을 했단다." "존재하는 모든 것은 거룩하다. 모든 것은 거룩하며 모든 것은 하느님에 관해 이야기하며, 모든 것은 하느님의 빛으로 가득 차 있다." "조금 어렵지?" "네, 제가 이해하기에는 조금 어렵네요." "쉽게 얘기하면 이 세상에 존재하는 것은 모두가 사랑 받을 만하고, 사랑해야 할 대상이라는 거야. 왜냐하면, 그것 모두는 하느님에 관해 말해주기 때문이라는 것이지. 그러니까 아들아, 우주를 거룩하게 하고, 지구를 거룩하게 하는 일이 하느님을 사랑하는 것이고, 그리고 나를 사랑하며 나의 생명을 보전할 길이라는 것을 명심해야 한다. 그것은 다시 말해서 만물을 마치 나의 것으로 소유할 수 있다고 생각하고 나를 위해서 존재한다고 하는 생각을 그치는 것을 말하는 거야. 오히려 그것을 하느님의 것으로 인식하고 그분의 사랑과 그분의 이야기를 마음껏 노래하도록 놔둘 필요가 있을 거 같아. 그것을 아빠는 '놔둠의 영성'이라고 부르고 싶구나. 하느님의 거룩한 백성은 꽃이 피었다고 해서, 산천이 온통 푸른색으로 물들었다고 해서 산으로 들로 나가서 짓밟고 오염시키는 것보다(그것도 단지 건강을 위해서, 단지 나의 놀이[향락]를 위해서) 그냥 멀리서 바라다보는 것 또한 자연을 사랑하는 거라고 생각한단다. 이것은 성서에 나오는 '희년의 정신'과도 일맥상통하는 마음이지." "희년이 뭔대요?" "응, 희년이란 레위기 25장에 보면, 이스라엘 백성이 오십 년째 되는 해에 원래의 상태로 되돌리는 회복을 말한단다. 그러니까 빚을 탕감해줘서 죄를 용서해주고, 데리고 있던 종들을 자유롭게 놓아주고, 토지도 쉬게 해주면서 하느님의 자비와 사랑을 생각하는 축제를 말하는 것이지. 그러므로 자연을 사랑하는 것도 희년의 정신을 실천하는 거룩한 사람의 신앙 행위라고 볼 수 있지. 한마디로 희년은 풀어 줌, 놓아 줌, 놓아 둠(뇌둠)의 정신이란다. 거룩함은 하느님의 사랑으로 가득 차 있는 상태이니까 우주적 거룩함은 곧 하느님의 창조영성으로 가득 차 있을 때 가능하다는 것을 깨닫고 우리 지원이도 이 자연세계의 상처를 싸매 주고 사랑하며 살았으면 하는구나." "아빠가 말씀하시는 것을 전부 다 이해하지는 못하겠지만, 그래도 무슨 뜻인지는 알 거 같아요."

"그래, 그런 의미에서 이번 6월 첫째 주일은 '환경주일'로 지키는 교회가 많아졌으면 좋겠구나. 더군다나 6월 5일은 유엔이 정한 '세계환경의 날'이기도 하니까 모든 교회가 '거룩함의 영성', '자연의 영성', '생태영성'을 되새기는 계기가 되기를 기도하자꾸나." "네, 아빠."

7
치유, 하느님 풀물들이기

세상이 온통 초록풀빛으로 물드는 봄입니다. 그러나 겨우 내내 그렇게도 기다렸던 봄이었건만 저는 매년 찾아오는 불청객을 또 맞이해야 하는 불편함을 감수해야만 합니다. 늘 그렇듯이 봄이 되면 그 불청객 때문에 저의 몸은 잔뜩 긴장하고는 주눅 들어 버립니다. 아니 아예 두 손 두 발을 다 든다고 해야 할까요? 그렇습니다. 저는 그가 전혀 반갑지 않습니다. 어김없이 봄과 함께 찾아오는 불청객이기에 차라리 봄이라는 계절이 없었으면 좋겠다는 생각도 해보았습니다. 그러나 어디 그게 될 법한 일이던가요? 이쯤 되면 독자제현께서는 그 불청객이 누구인지 대충 감을 잡을 법도 한데, 겪어 보지 못한 분들은 아직도 그를 추측하기가 난감하기 이를 데 없을 것입니다. 하여 그를 소개하고자 합니다. 일명 '알레르기성 비염'입니다. 아하! 이제야 감이 오나요? 그런데 그게 무슨 대수라고요? 아니, 아니, 무슨 대수라뇨? 그놈('그'라는 칭호도 과분하다는 생각이 듭니다만)은 아마도 저라는 개체가 이 지구상에서 사라지는 날에야 저를 자유롭게 내버려둘지 모릅니다. 그 정도로 불치병이라는 얘기입니다. 의사들의 얘기이니 귀담아 들을 수밖에요.

그래서 일까요? 사실 저는 계절을 즐기지 못합니다. 아니 계절을 창조하신 하느님을 즐기지 못한다는 말이 맞을지 모르겠습니다. 벚꽃이 만개한 4월이 되면 많은 사람이 들로 산으로 꽃구경을 간다고 들 하지만, 정작 저는 '아, 이제 올 것이 왔구나' 하는 생각에 각오를 단단히 하게 됩니다. 4월과 5월의 봄을 미처 만끽하기도 전에 저의 몸은 스트레스를 받으며 심할 때에는 심지어 그 좋아하는 독서까지 전폐하고 누워 있어야 합니다.

그러나 언제부터인가 그 상황을 받아들이기로 했습니다. 꽃가루가 날리는 5월의 봄, 그리고 환절기 때마다 저의 코는 비염 때문에 예민하게 반응하지만, 그럴 때마다 저는 봄이라는 계절을 더 잘 인식하며 그 계절을 곱절로 즐깁니다. 더 정확하게 말해서 '저는 하느님을 즐깁니다.' 여기서 하느님 즐김이란 저의 약함을 하느님께 내맡김을 의미합니다. 어찌할 줄 모르는 질병과 한계 상황에 있는 죽음은 저의 몸과 영혼을 내맡김의 신뢰와 영원한 쉼이라는 신앙의 길을 걷게 하는가 봅니다.

질병은 그런 의미에서 병 혹은 죽음에서의 완전한 해방이 아니라 '쉬어야 한다'는 죽음이라는 난관과 공통분모를 지녔다고 볼 수 있습니다. 질병은 나의 몸이 쉬지 않고 무리를 한다(무리했다)는 증거입니다. 질병은 외부적 환경이 나를 쉬지 못하게 한다는 신호입니다(편안한 마음을 그대로 놔두지 않는다는 신호입니다). 죽음이란 그것이 생물학적 요인이든 물리적 요인이든 이제 쉬어야 한다는 강제적 부름입니다. 그러므로 질병의 의미는 퇴치나 거부, 혹은 포기가 아니라 '하느님 안에서 쉼으로써 내맡김'입니다. 병이 치유되었다 해서 내 몸이 모든 아픔과 질병에 걸릴 가능성마저 사라진 것은 아닙니다. 죽음이라는 실존적 한계를 극복할 수 없듯이, 인간이 살아 있는 한 질병 또한 완전히 정복될 수 없는 나의 연약함의 실체이기도 합니다. 그런 의미에서 완전한 질병의 치유는 결국 예수의 종말론적 사건으로나 가능한 일인지도 모릅니다. 이미 고대 그리스 극작가 아이스킬로스도 말하지 않았던가요? "확실히 아주 건강한 상태라 하더라도 자체적으로 지닌 한계 때문에 계속 만족하지 못합니다. 왜냐하면, 병은 건강에 대항해서 강하게 압박하기 때문입니다. 건강은 자신의 이웃인 질병과 벽을 함께 하고 있습니다."

질병이 주는 또 한 가지 신앙적 의미는 '하느님에게로 눈을 돌림'입니다. 우리가 건강할 때는 하느님이라는 존재가 별로 소용가치가 없어 보이지 않습니까? 그러니 적어도 몸이 아픈 연후에라도 하느님을 찾으니 오히려 다행한 일이 아닐까요! 이것을 굳이 현대적 어투로 표현해보면, 관계적 '회복'입니다. 질병이 치유되었든 치유되지 않았든 병으로 말미암아 하느님께로 눈을 돌리게 되었다면 그 사건은 신앙적 회복, 영적 회복, 관계 회복이라고 말할 수 있습니다. 그러니 질병의 이면에는 '회복의 은총'이 자리 잡고 있음을 확신해야 합니다. 신실하신 하느님께서는 우리와 하느님 자신과의 회복을 통해 육체적 질병 또한 치유하시고자 하는 의지를 가지고 계시기 때문입니다. 그러나 숨어 있는 회복의 은총을 발견하려면 먼저 눈을 떠야 합니다. 마음의 눈 말입니다. 질병으로 가려진 나의 마음이 눈을 떠야 나의 질병을 안고 가시는 당신이 보이기 때문입니다.

아침에 일어나면서부터 시종 재채기를 합니다. 잘 보이지도 않는 송화가루, 미루나무 솜털, 버드나무의 솜털 등의 이동은 저로 하여금 너무나도 분명하게 잔인한 5월의 봄이라는 사실을 깨우쳐 줍니다.

오늘도 할 수 없이 비염약을 먹고 말았습니다. 비염약을 먹으면 아무런 일을 할 수 없을 정도로 몸이 무기력해집니다. 너무나도 독한 항생제가 들어 있어서 머리는 몽롱해지고 몸을 가누기가 어려울 정도로 가라앉습니다. 이럴 때마다 이런 의문이 듭니다. '과연 고통스런 질병 속에도 하느님이 계실까?' 그러나 신비하게도 질병을 앓고 있는 내 몸에도 하느님이 거하신다는 사실입니다. 그래서 몸과 영혼은 신비한 지도 모르겠습니다. 우리 자신의 몸을 다 안다 할 수 있을까요? 영혼을 볼 수 있다고 감히 말할 수 있을까요? 몸과 영혼이 그토록 신비한 것은 질병이 찾아오든 아니면 건강하든 당신이 머무는 곳이 되기 때문입니다.

쇼펜하우어라는 철학자가 그랬던가요? '육체는 살려는 의지의 현상'이라고. 그래서 일까요? 내 몸은 살려고 애쓰는 의지가 너무나도 강한가 봅니다. 그깟 꽃가루에 4월과 5월, 어디 그뿐입니까? 환절기 때마다 몸이 전투를 치루는 걸 보면 분명히 살고자 하는 나 자신을 경험하게 됩니다. 그래서 프랑스 철학자 모리스 메를로-퐁티 Maurice Merleau-Ponty(1908-1961)도 몸을 통해서 세계와 역사가 의미를 획득한다고 본 것은 아닐까요? 그가 말한 대로 인간의 몸은 행위 주체이며 세상을 경험하는 기관입니다. 그런데 조금 더 나아가 보면 나의 몸은 삶의 의미와 하느님의 의미를 발견하는 장이기도 합니다. 아, 감사로구나. 맛있는 냄새, 아름다운 향기, 상큼한 풀꽃 내음을 아예 맡지 못하는 것보다 이리 예민하게 후각이 반응하도록 하신 것을 보면 너무 건강하게 하신 것은 아닐까요? 한 가지 바람이 있다면 이 민감한 코로 약의 향기(?)가 아니라 당신의 향기를 맡을 수 있다면······.

병고침을 통해 얻고자 하는 것은 무엇일까요? 하느님의 살아 계심이요? 하느님이 우리와 함께 하심이요? 그분은 우리가 병이 있기 전에도, 병이 없을 때조차도 늘 살아 계셨고 함께 하셨습니다. 그러니 병고침을 통해 '그분에게 다다르는 것', 그것이 우리가 병고침을 통해 얻을 수 있는 것이 아닐까요? 그래서 이해인 수녀님의 「사랑은 찾아나서는 기쁨임을」이라는 시를 통해 주님의 계절 5월이자 나의 5월을 밝히도록 마음을 다잡아 봅니다.

보이는 것도 들리는 것도/ 모두 초록빛 기도로 물이 드는 5월/ 어머니를 부르는 저희 마음에도/ 초록의 숲이 열리고 바다가 열립니다/ 매일 걸어가는 삶의 길에서/ 마음이 어둡고 시름에 겨울 때/ 지친 발걸음으로 주저앉고 싶을 때/ 어서 들어오라고 저희를 초대하시는/ "지혜의 문"이신 어머니… 오늘도 조용히 저희를 부르시는/ "바다의 별"이신 어머니/ 벼랑 끝으로 내몰린 위기에도/ 쉽게 쓰러지지 않고/ 캄캄한 절망 속에서도 살아남을 수 있는/ 믿음과 희망을 참을성 있게 키워/ 마침내는 한 점 별로 뜰 수 있도록/ 영원히 환한 빛으로 저희를 비추어 주소서… 사랑은 주님의 이름으로 인사를 건네는 것/ 사랑은 언제라도 찾아나서는 기쁨임을…오늘의 세상과 오늘의 사람들을/ 먼저 찾고, 먼저 만나고, 먼저 돌보며/움직이는 사랑의 길이 될 수 있도록/ 저희를 재촉하소서/ 사랑이 낳아준 평화를 만민에게 전하는/ 평화의 길이 될 수 있도록/ 저희를 이끌어 주소서/ 고통이 가시에게 향기로운 꽃을 피워낸/ "신비로운 장미"이신 어머니/ 저희가 지닌 크고 작은 아픔들도/ 장미로 피워내는 믿음을 어머니께 청하며/ 오늘은 저희 모두 아름다운 장미를/ 기도의 꽃으로 바칩니다/ 하느님께 이웃을 향해/ 닫혀 있고 냉랭했던 저희 마음에/ 사랑의 뜨거운 심지를 돋우어/ 오늘은 당신께 촛불을 바칩니다/ 어머니를 닮은 사랑의 일생을 살고자/ 꺼짐 없이 타오르는 촛불을/ 약속의 기도로 봉헌합니다/ 가장 다정한 어머니의 이름을 부르며/ 저희 모두 하나 되는 아름다운 밤/ 어머니 덕분에 저희 또한/ 아름다운 사람으로 거듭나는 기쁨을 오늘은 더욱 새롭게 초록빛 마음으로 감사드립니다.

(『사계절의 기도』 중에서)

아, 그렇군요. 5월은 향기로운 계절, 향내가 가득한 나날들이군요. 5월은 하느님의 초록풀물이 들어가는 치유의 계절이군요. 주님, 송화가루, 미루나무 솜털, 버드나무 솜털이 다 지나간 후에 비로소 아름다운 장미가 피어나는 것임을 알았습니다. 비록 내 코가 괴롭다 하더라도, 이 비염이 내 일생 다 가도록 낫지 않는다 할지라도 장미의 향을 맡을 수 있으니 그 또한 감사가 아닐 수 없습니다.

8
치유, 죽음에서 빛을 보다!

장애인 부부가 있었습니다. 서로 사랑하는 그 부부는 간절히 아이 갖기를 원했습니다. 그러나 그들의 바람은 오랜 기다림이 필요했습니다. 두 번에 걸친 유산은 그들의 마음을 몹시도 아프게 했습니다. 하지만, 포기하지 않았습니다. 어렵게 들어선 세 번째 아이를 위해 기도하던 중 또 다시 통증이 찾아왔습니다. 황급히 병원으로 찾아간 그들에게 의사는 아직 아이가 살아 있다고 안심시켜 주었습니다. 그러나 기쁨도 잠깐, 놀란 가슴을 쓸어내리던 그들에게 정밀 검사 결과를 가지고 돌아온 의사는 침착하게 그러나 단호하게 이야기를 꺼냈습니다. "당신들의 뱃속 아이에게서 심각한 장애가 발견되었습니다. 지금 당장 인공유산을 시켜야 합니다." 아이의 뇌가 골 밖으로 나와 있는 치명적인 장애였습니다. 이런 경우는, 아이가 죽지 않고 세상에 나오더라도 아무것도 먹지도 마시지도 못할 뿐 아니라 호흡장애를 일으킬 것이기에 아마도 15분을 살기가 힘들 거라고 했습니다. 청천벽력과 같은 말을 들은 부부는 순간 아연실색하여 어찌할 바를 몰랐습니다. 얼마나 기다리던 아이인가? 그리고 지난 몇 주 동안 얼마나 애틋하게 사랑하며 어루만지던 생명인데, 내 손으로 죽여야 하다니! 도무지 그럴 수가 없었습니다. 그들은 의사에게 아이를 뱃속에서 계속 키우겠다고 말했습니다. 그러나 의사는 그 말을 냉정하게 잘랐습니다. 의사는 자신의 충고를 받아들이라며 버럭 화를 내었지만 결국 그들은 아이를 키우기도 결단했습니다.

집으로 돌아온 부부는 뱃속 아이의 이름을 루카스Lucas라고 지었습니다. 그리고 자신들에게 주어진 몇 달의 시간을 루카스를 위해 최선을 다해 살았습니다. 그들은 매일 루카스에게 아름다운 찬양을 들려주었고, 루카스를 위해 기도했습니다. 루카스를 볼 수는 없으나 만질 수 있었고 느낄 수 있었기에 매일 그 아이와 깊은 영적 대화를 나누었습니다. 루카스의 살아 있음이 느껴질 때마다 그들은 감격했으며 그로 인해 감사했습니다. 루카스의 심장 박동을 느낄 때마다 부부의 애절한 사랑이 루카스의 혈관을 타고 흘러 들어가는 것만 같았습니다. 그들 안에는 사랑으로 잉태된 생명의 신비가 있었던 것입니다.

마침내 출산의 날이 다가왔습니다. 긴장과 두려움 속에서, 그러나 감격 가운데 아이를 받았을 때, 부부는 세상에서 가장 아름다운 자기 아들의 얼굴을 볼 수 있었습니다. 어쩌면 그렇게 아름답고 사랑스러울 수 있을까? 그러나 아이의 머리 뒤에는 뇌가 삐져나온 주머니가 달려 있었습니다. 의사의 충고에 따라 부부는 루카스를 최대한 밀착하여 안아 주었습니다. 부모의 피부 접촉이 아이의 생명을 조금이나마 연장시킬 수 있을지 모른다는 생각에서였습니다. 루카스가 부모의 사랑을 조금이라도 더 느낄 수 있도록 그 어린 핏덩이를 배 위에 올려놓고 보물처럼 껴안아 주었습니다. 따뜻한 온기가 느껴졌습니다. 루카스는 힘겹게 숨을 몰아쉬면서도 평온하게 잠든 것처럼 보였습니다. 주어진 15분이 지나고 있었습니다. 그러나 30분이 지나고 한 시간이 지나도록 루카스는 여전히 가쁜 숨을 몰아쉬며 살아 있었습니다. 두 시간, 세 시간이 지나자, 의사는 더 이상 병원에서 할 일이 없으니 집으로 데리고 가라고 했습니다.

루카스를 집으로 데리고 온 부부는 그날부터 루카스에게 해줄 수 있는 모든 것을 해주기 시작했습니다. 사랑하는 자식을 위해 부모가 평생 동안 할 수 있는 모든 일들을 모아 놓은 것 같은 나날이었습니다. 루카스를 위해 서둘러 세례를 받게 했으며, 그를 위해 기도하고, 조심스레 닦아주고, 매일 선물을 안겨 주었습니다. 공동체의 식구들을 불러 날마다 작은 파티를 열었습니다. 모든 사람들이 루카스를 보고 기뻐하며 사랑의 말을 던졌고, 서로 위로하며 또 위로를 받았습니다. 그렇게 아름다운 날들이 지나간 후 마침내 루카스의 마지막 시간이 다가왔습니다. 루카스는 17일을 살아냈습니다. 부부는 사랑하는 아들 루카스의 임종을 아프게, 그러나 담담하게 지켜보았습니다.

루카스를 떠나보내던 날, 데이브레이크 예배당에서는 사랑하는 공동체 식구들과 함께 하는 루카스의 장례 예배가 조촐하게 진행되었습니다. 단 위에 놓인 작디작은 관 안에 루카스의 어여쁜 시신이 들어 있었습니다. 모두가 그의 죽음을 애도하고 또 슬퍼했습니다. 예식이 끝나고 루카스에게 작별을 고해야 하는 시간이 다가왔습니다. 앞으로 걸어 나와 관 앞에 선 루카스의 부모가 잠시의 침묵을 깨고 입을 열었습니다. "루카스와 함께했던 지난 9개월은 참으로 소중하고 아름답고 행복한 시간들이었습니다. 그리고 그 시간 동안 우리는 루카스와 얼마나 많은 사랑을 나누고 대화를 나누었는지 모릅니다. 지금도 우리는 루카스를 사랑하고 있습니다." 그들은 조용히 말을 이어나갔습니다. 마지막으로 루카스의 아버지가 말했습니다. "저는 루카스로 인해 비로소 아버지가 될 수 있었습니다. 나를 아버지로 만들어 준 내 아들 루카스에게 감사합니다. 루카스는, 사랑하는 아들의 고통과 죽음을 지켜보는 아버지의 마음을 알게 해주었습니다."(『치유의 꿈 루카스 이야기: 이 땅의 모든 상처받은 사람들을 위한 치유와 회복의 노래』중에서)

우리는 상처와 고통이 사건으로 다가오고 현실이 될 때 그것을 부정하고 외면하려 합니다. 그러나 인간의 상처와 고통은 하나의 원초적 '이해'와 '의미'를 드러냅니다. 그 상처와 고통을 이해하고 의미를 깨닫게 될 때 치유가 일어나고 상처가 아물며 회복이 발생하는 것입니다. 여기 레오나르도 보프L. Boff의 이야기를 하나 더 소개할까 합니다.

1965년 8월 11일, 독일 뮌헨에서였습니다. 기억에도 새롭습니다. 바깥에서는 지붕들이 유럽 여름의 모처럼 찬란한 햇살에 손뼉을 쳐 보내는 것 같았습니다. 집집마다 뜰에는 갖가지 꽃이 화사한 빛깔들을 다투어 발산하고 있었고, 여기저기 창문에서는 사람들이 내다보며 손짓을 보내고 있었습니다. 때는 오후 2시. 방금 먼 여행을 마친 나에게 우체부가 고향에서 보내 온 첫 편지를 가져다줍니다. 그리움과 소망을 안고 초조한 마음으로 나는 편지를 뜯습니다. 집에 있는 식구 모두의 합작 편지입니다. 편지라기보다는 거의 신문과 비슷한 모양을 하고 있습니다. "네가 이 편지를 읽을 때면 벌써 뮌헨에 당도해 있겠구나. 이 편지는 여느 편지와 비슷하면서도 또 다른 데가 있단다. 너에게 믿음에 비추어 바라보면 정말 좋은 소식을 전하는 편지란다. 하느님께서 며칠 전에 우리에게 사랑과 믿음과 감사의 봉헌을 요구하셨다. 우리 가족을 찾아와 우리 모두를 하나씩 바라보셨다. 그러고는 우리 모두 가운데 가장 완전한 분, 가장 거룩한 분, 가장 성숙한 분, 가장 훌륭한 분, 당신과 가장 가까운 분을, 사랑하는 우리 아빠를 당신 것으로 선택하셨다. 사랑하는 레오나르도야, 하느님께서는 아빠를 우리에게서 앗아 가신 것이 아니다. 우리 가운데 남겨 두셨다. 아빠를 당신께 받아들이기만 하신 것이 아니고 우리 가운데 더 훌륭한 분으로 남기셨다. 우리의 즐거운 휴가를 그저 빼앗아 버리신 것이 아니고 우리 모두에게 더 큰 추억을 심어 주셨다. 우리의 오늘을 멀리 가져가신 것이 아니고 한결 더 오늘이 되게 하셨다. 하느님께서는 아빠를 데려 가신 것이 아니라 우리에게 남겨 두셨다. 아빠는 떠나가신 것이 아니고 도착하신 거란다. 멀리 떠나신 것이 아니고 새로이 다가와 계신단다. 더 크게 아버지가 되고자, 오늘도 또 언제까지라도 우리와 함께 계시고자. 여기 브라질에서 우리 모두와 함께, 거기 독일에서 너와 함께, 루뱅에서 루이랑 클로도비스와 함께, 미국에서 왈레마르랑 함께 계시고자."

보프가 말한 것처럼, "믿음은 죽음에 빛을 주며 죽음의 허망함을 몰아냅니다." 그리고 오히려 "인간에게 죽음의 날은 '참 생일vere dies natalis'입니다." 왜냐하면, 죽음이 상처가 되기보다는 참된 신앙적 체험으로 발생하기 때문입니다. 그가 가족이었음을, 그가 이웃이었음을, 그가 생명이었음을, 그가 우리 기억의 일부였음을, 세계의 일부였음을 알게 됩니다. 그러면서 우리는 죽은 이와 만나는 참 생일, 생명의 주인이 되시는 하느님과 만나는 '참 생일'을 경험하게 됩니다. 그러므로 인간이 살아가면서 겪는 고통, 상처, 질병, 고난, 죽음에는 꿈틀거리는 신앙살이와 삶의 가치들이 숨어 있는 것입니다. 우리는 이 모든 사건과 더불어 괴로워하고 힘들어하지만, 그것들이 단순한 사건이 아니라 인간 삶의 풍경이기에 거룩한 사실, 거룩한 삶의 내용, 거룩한 현존이 되기에 치유와 회복의 사크라멘툼(신비)을 '보게' 됩니다.

    인간의 고통, 상처, 질병 등은 무의미한 것이 아닙니다. 이레나이우스가 말한 것처럼, "하느님 앞에서는 공허한 것이 없습니다." 그것을 보프가 고백하였듯이, 초월적 의미를 내포하고 하느님의 구원 계획을 체현하기 때문에 더욱 그렇습니다. 우리는 그 모든 것들 앞에서 인간의 한계와 의존성을 체험하며, 더불어 죽음을 이기시고 하느님의 신비 속으로 들어가신 예수 그리스도를 만나게 됩니다. 우리 자신의 죽음과 고통이든 아니면 타자의 고통과 죽음이든 그 속에서 만남과 회복, 그리고 돌아감을 깨닫습니다. 바로 그 만남에서 우리의 생명이 자라며, 당신의 싸매시고 묶는 만지심과 건드리심을 통한 세상을 향한 동정을 느끼게 됩니다. 이는 인간에게 추하다는 것들조차도 품어 안으시는 예수의 은총입니다. 그래서 예수 안에서 질병과 고통, 그리고 죽음은 우리의 이웃이요, 형제입니다. 그러한 믿음은 보른캄G. Bornkamm이 말한 것처럼, 인간의 가능성이 고갈된 때에도 끝나지 않은 하느님의 능력을 의지하고 의뢰하는 것으로서의 신앙의 현전現前을 이루게 될 것입니다.

9
치유의 영성, 발은 땅을 닮았다!

전차중대의 부중대장이자 소대장 직책을 겸하여 맡고 있었던 저는 행군 전날 중대원의 행군 준비 사항을 점검하고 행군 시 유의사항과 행군로에 대해서 숙지시켰습니다. 일반적으로 보병 사단의 평균 행군 거리는 약 60km 정도에 불과하지만, 그래도 병사들에게는 큰 부담이 될 수도 있었습니다. 왜냐하면, 신병 교육대에서는 그와 같은 거리를 행군한 적이 없기 때문입니다. 그래서 신병들에게 각별히 신경을 많이 쓸 수밖에 없는 것이죠. 저희 소대에서는 갓 전입해 온 김 이병이 맘에 걸렸습니다. 그래서 제대가 얼마 남지 않은 정 병장에게 그 병사에 대해 각별한 관심을 가져줄 것을 당부하였습니다. 소대원 중에 누구라도 낙오를 해서 우리 소대가 다른 소대보다 전투력이 떨어진다느니, 혹은 소대장이 무능하다느니 하는 따위의 소리를 듣고 싶지 않았습니다.

야간에 행군이 시작되기 때문에 낮 시간에 충분한 취침이 보장되었습니다. 저녁 식사를 마치고 우리 전 대대원은 대대 막사 앞에 집합하여 완주를 다짐하는 파이팅을 외쳤습니다. 전차병은 철모를 쓰는 대신 베레모를 착용하기 때문에 행군 무게감은 보병보다는 덜 한

편이죠. 그럼에도, 점차 시간이 갈수록 병사들은 말이 없어지기 시작했습니다. 10분간의 휴식 시간에 병사들의 발을 살펴보니 벌써부터 물집이 생기려는 조짐이 보였습니다. 군화 때문에 뒤꿈치가 벗겨져 절뚝거리며 걷는 병사도 있었습니다. 심지어 이미 행군을 포기하고 앰뷸런스를 타고 가는 병사도 생겼습니다. 시간이 지날수록 소총(권총)과 방독면이 더 무거워지는 것 같았습니다.

장교가 되기 위한 5개월의 고된 훈련 과정 중 악몽과도 같은 200km 완전군장 행군에서도 느낀 바지만, 무엇보다도 힘든 것은 더는 발바닥이 견뎌내지 못할 거 같은 두려움이었습니다. 군 생활을 했던 분이라면 물집이 생긴 채로, 또 물집이 터진 채로 행군을 하는 고통이 무엇인지 잘 알 것입니다. "김 이병, 할 만한가?" "네, 소대장님, 아직 괜찮습니다." 김 이병의 목소리에는 아직 힘이 있었습니다. "김 이병, 발이 덜 아프려면 아스팔트를 벗어나서 흙이 있는 땅을 밟으며 걷게나. 알겠지."

"10분간 휴식!" 아, 이 얼마나 듣던 중 반가운 소리던가! 피로에 지친 모든 병사는 일제히 아스팔트 바닥에 누웠습니다. 아까부터 다리를 절뚝거리던 박 상병이 염려가 되었습니다. 그렇게 주지시켰건만 그간에 착용하던 군화를 놔두고 길들이지 않은 군화를 신고 나오는 만용을 부리더니 기어코 발뒤꿈치가 벗겨지는 불상사가 생긴 모양입니다. "김 상병, 계속 걸을 수 있겠나?" "걱정하지 마십시오, 소대장님. 죽더라도 낙오는 하고 싶지 않습니다." "어디 한번 보자." 박 상병의 상처를 보니 무척이나 괴롭겠다는 생각을 했습니다. 설상가상으로 물집이 잡혀서 완주가 가능하겠는가 하는 의구심마저 들었습니다. "박 상병, 이따가 행군을 계속할 때는 아스팔트는 가급적이면

피해서 흙을 밟으며 걸으라구."

아, 발의 수난이여! 검은 아스팔트는 발과 군화와의 마찰열을 가속시키면서 급기야 물집이라는 화상의 결과를 만들어낸다. 어디 그 뿐이던가. 정이라고는 눈곱만치도 없을 거 같고, 지난 시절 추억이나 낭만을 검은색으로 뒤덮어 버린 아스팔트는 그곳을 디딜 때마다 무릎과 척추에 무리를 주면서 뇌신경을 엄청 자극한다. 아스팔트의 색감처럼, 흙먼지 날리던 한 마을의 신작로는 석유 찌꺼기와 자갈과 모래로 배합된 자동차 전용도로가 시꺼멓게 칠해졌다. 땅 속에서 살아 숨 쉬는 생물들과 땅위를 기어 다니는 온갖 여린 생명이 순식간에 검은 핏빛이 되어 사라져 버리는 순간이 아니던가. 흙이 살색이라 정겨움이 묻어난다 하면 인종차별주의자라 할 것인가?

흙은 우리 몸과 닮았다. 아니 내 발이 땅의 은총을 닮았다. '닮았다'는 말은 '담다'라는 말에서 기원한다. 그러므로 내가 무엇을 닮았다고 말하고자 할 때는 이미 내 안에 그 무엇(누군가)을 담고 있어야만 한다. 나는 땅의 겸손을 닮았을까? 흙은 우리의 맨발로 다녀도 부끄럽지 않을 만큼 보호색이다 싶을 정도로 발의 피부색과 비스름한 색 아니던가. 그 옛날 맨발로 다니던 시절에 비하면, 온갖 좋은 가죽 신발로 호화로운 거처를 마련해주었다고 발에게 칭찬이라도 들을 것인가? 아니라고 본다. 발은 전보다 더 혹사를 당하는지 모른다. 우리의 발은 땅과 교감하는 것이 아니기 때문이다. 전보다 튼튼한 발싸개로 가깝다가까웠던 친구인 땅을 유린하고 있지 않은가. 순간 내가 딛고 서 있는, 내가 가고 머무는 땅에게 미안한 생각이 들었다. 땅은 나를 있게 하고, 살게 하고, 쉬게 하며, 영원히 품어 주는 곳이다. 그래서 예로부터 땅을 어머니라고 불렀는지 모르겠다.

사실 발은 혈액순환과도 관계가 매우 깊다고 알려져 있다. 발은 걸을 때마다 심장에서 발끝까지 내려온 혈액을 다시 심장을 향해 퍼 올리는 펌프 역할을 한다고 한다. 그래서 발은 제2의 심장이라 하지 않던가? 사람의 양발에 있는 뼈는 52개요, 신경은 100개에 이른다. 그래서 일까? 레오나르도 다 빈치는 "인간의 발은 인간공학적으로 최고의 작품이고, 예술적으로도 신비로운 걸작"이라고까지 격찬했다. 그렇다면, 건강한 발은 어떤 발일까? 엄지발가락과 둘째 발가락으로 물건을 집어 올릴 정도로 힘이 있고, 발뒤꿈치가 일직선이고 발바닥이 분홍색이며, 마디마디가 잘 구부러지는 발이 건강하다고 한다. 우리 선조는 이렇게 건강한 발을 만들려고 맨발로 흙을 밟거나 돌멩이를 밟으며 걸어 다니기도 했다. 그러나 오늘날 현대인은 흙을 밟을 일이 거의 없다고 해도 과언이 아닐 것이다. 대부분의 땅은 자동차를 배려한(?) 아스팔트 도로로 포장되어 있기 때문이다. 아스팔트 도로는 자동차에게는 참으로 편리한 일이 아닐 수 없다. 또한 홍수로 말미암은 도로의 유실을 막을 수도 있겠다. 반면, 땅은 숨을 쉴 수가 없게 된다. 게다가 비가 올 때 땅으로 스며들어 지하수로 사용되어야 하는 물이 대부분 하수도를 통해 바다로 흘러 들어가니 우리나라처럼 여름에 강수량이 많은 나라에서는 금세라도 물부족에 시달릴 수밖에 없다.

요즈음은 웰빙시대라고 한다. 그래서인지 족욕실, 발마사지, 발미용 전문가게 등 소위 '足마켓팅'이 생겨날 만큼 건강에 유달리 관심이 많아졌다. 예로부터 한의학에서 머리는 양陽, 다리는 음陰이라 했다. 그래서 머리에 양의 기운이 많아지면 뇌혈관 장애가 올 수 있으니 머리의 기운을 다리로 내려오게 해서 풀어야 한다. 머리를 많이 사용하고 신경을 많이 쓰는 사람일수록 다리 운동을 많이 해야 한다. 머리의 기를 다리로 내려오게 해서 발을 통해 땅바닥으로 방산放散시켜야 하기 때문이다. 그렇지 않으면 뇌혈관 장애, 즉 중풍이 생긴다고 한다.

우리의 발이 즐겨 만나는 곳, 그곳은 땅이다. 우리의 발이 즐겨 머무는 곳, 그곳은 땅이다. 우리의 발이 사귐을 얻는 곳, 그곳은 땅이다. 그래서 발과 땅의 만남에 대한 생태영성적 의미를 잘 포착한 그리스도교 미래학자 레너드 스윗L. Sweet은 "우주는 하느님의 예술"이며, "하느님은 돌, 뼈, 규소, 유리, 물, 섬유질 속에 임재하신다"라고 말한 바 있다. 그러므로 예술가의 작품에는 예술가의 정신이 녹아 스며있듯이, 우리는 땅에서 임재하신 하느님을 만난다. 우리는 땅에서 임재하신 하느님과 함께 걷는다. 땅에 임재하신 하느님이 우리를 품으신다. 우리는 땅에서 임재하신 하느님의 촉감을 느낀다. 이것은 "땅에서는 그가 사랑하시는 사람들에게 평화!"(루가 2:14)라고 말한 루가의 외침에서 땅과 우리의 온전한 소통의 회복이 이루어져야 할 우주 치유적 성격을 잘 드러내준다고 생각한다. 우리의 발이 평안을 얻으려면, 우리의 영혼이 진정한 샬롬을 회복하려면 먼저 땅과 화해해야 한다.

이런 맥락에서 김양규 한의학 박사는 머리와 다리(발)의 영적 관계를 잘 연결시켜준다. 즉, 머리는 성서의 말씀, 지식, 영혼이라면, 다리는 손발의 움직임(행동)이라는 것이다. 그리스도인이 알고서 행동하지 않으면 신앙의 불균형을 초래하고, 급기야 질병이 생길 수 있다는 것이다. 사람이 건강하려면 속에 에너지를 쌓아두지 말고 밖으로 방출해야 한다. 손과 발을 통해서 그리스도인이 섬김과 봉사, 그리고 복음의 증인이 되어야 한다는 얘기다. 그러므로 하늘에서 머리, 머리에서 다리, 다리에서 발, 발에서 땅의 관계성 회복·소통은 사람의 정신적, 영적, 육체적 건강의 필수적 사안이 아닐 수 없다. 이것이야말로 진정한 의미에서 샬롬을 성취하는 가장 기본적 태도요, 방법일 것이다.

몰트만은 이렇게 고백했다. "당신은 내가 만나는 모든 것 안에서 나를 기다리고 계십니다." 우리는 정말 모든 감각, 특히 발을 통해 땅에서조차도 우리를 만나시는 그분을 느끼는 걸까? 신성한 삶, 거룩한 삶, 영적 삶, 생명의 삶은 어쩌면 저 밑에서부터 느껴지는 것인지도 모르겠다. 모든 것이 서로 연결되어 있다는 사실을 깊이 깨닫고 삶의 세밀한 감수성을 회복하는 것이야말로 신유를 체험하는 또 다른 길일 것이다. 왜냐하면, 땅을 딛고 사는 나는 사실 그분이 만지시고 포옹하는 세계에 살기 때문이다.

그래서 작가 김훈은 발을 내디디면서 몸이 앞으로 나가는, 그것이 우리의 살아 있음이며 이 살아있게 만듦이 축제라고 말한 적 있다. 더 흥미로운 것은 사람의 몸에서 가장 아름답고 가장 신뢰할 수 있는 부분이 발바닥의 굳은살이라는 것이다. 그것이 직접적인 땅과 인간의 삶의 역사라고 말이다. 그런 의미에서 신유는 땅(우주)과의 교감을 통해 발(온몸)이 느끼는 살아있음이다. 그러므로 발(건강)에 대한 인식의 변화는 땅살림이라는 근원적 지평에 대한 깨달음이 열려야 한다. 발[足]은 몸[口]과 발다리[止]의 형상을 본뜬 것이라고 한다. 그런데 발다리의 형상이 그칠 지[止]로 바뀐 것이다. 월왕越王 구천勾踐의 신하인 범려范蠡는 "사람이 멈출 줄을 알지 못하면 반드시 화가 생기게 마련"이라고 했다. 땅을 아프게 하지 말아야 한다. 그러려면 지금이 족足한 줄 알고 인간의 욕망을 멈추어야 한다. 멈추어 나와 둘러있음의 세계를 살피는 그리스도인, 만족할 줄 아는 그리스도인이 건강한 그리스도인이 될 수 있으리라.

잠시 아스팔트에 누워 하늘을 쳐다보니 밤하늘의 별이 쏟아질듯 내게 다가옵니다. 땀으로 범벅이 된 군복이 채 마르기도 전에 선두에서 "휴식 끝, 출발 준비"라는 소리가 들리네요. 복귀하면 뜨거운 물에 목욕을 하고 한숨 푹 잤으면 좋겠습니다. 발도 쉬게 하고 말입니다.

10
재림, 오심을 '앞당겨' 사는 신비

강원도에서도 오지라고 하는 양구에서 태어난 저는 고등학교 1학년 때, 그러니까 지금부터 30년 전에 생텍쥐페리의 『어린왕자』를 처음 접했습니다. 독후감 대회에 나가서 그날 지정 받은 도서였기에, 간신히 읽어 내려갔지만, 그날의 느낌과 기억은 잊을 수가 없었습니다. 뭐랄까요. 어린아이의 눈으로 바라본 세계, 그 순수함 그러면서 그 깊이는 그날 이후로 여전히 진한 감동으로 남아 있습니다. 그러던 어느 날 제 아들의 책장에서 그 책을 다시 만났습니다. 이미 아련해져 버린 저의 문학적 편력을 들추어낸다는 것이 무슨 훈장일까 싶지만, 또 다시 저의 마음을 사로잡은 문장들이 새롭기만 했습니다. 그 중 일부를 여기에 실어 그 시간을 다시 경험하고 싶습니다.

내 비행기가 사막 한복판에서 고장 난 지 8일째 되던 날이었습니다. 나는 마지막 남은 한 방울의 물을 마시면서, 어린 왕자로부터 알약을 파는 상인의 이야기를 듣고 있었습니다. 그리고 어린 왕자에게 말했습니다. "네가 지금까지 겪은 일들은 정말 재미있구나. 하지만, 나는 아직 내 비행기를 고치지 못했고, 마실 물조차 다 떨어졌단다. 그러니 이제 어딘가 샘을 찾아 천천히 걸어가야 할 것 같구나." "내 친구 여우 있잖아……." 어린 왕자가 내게 여우 이야기를 시작하려 했습니다. "얘야, 지금 한가하게 여우 이야기나 하고 있을 때가 아니란다." "왜?" "왜냐하면, 이제 우리는 목이 말라죽게 될지도 모르니까……."

어린 왕자는 내 말을 알아듣지 못하고 이렇게 말했습니다. "죽는다 해도 친구가 있다는 건 기쁜 일이야. 나는 여우를 친구로 갖게 되어서 얼마나 기쁜지 몰라." 나는 이렇게 생각했습니다. '어린 왕자는 지금 우리가 얼마나 위험한 상황에 처해 있는지 모르고 있구나. 배가 고파본 적도 없고, 목이 말라본 적도 없으니, 햇빛만 조금 있으면 그것으로 모든 것이 해결된다고 생각하는 거야.' 어린 왕자는 나를 가만히 쳐다보더니, 내 생각을 알아채기라도 한 듯 이렇게 말했습니다. "나도 목이 말라. 아저씨 우리 샘을 찾으러 가……." 나는 소용없다는 몸짓을 해 보였습니다. 샘이 이 끝없는 사막의 어디에 있는지도 모르고 찾아 나선다는 것은 말도 안 된다고 생각했기 때문입니다. 그래도 우리는 걷기 시작했습니다. 오랜 시간 동안 우리는 걷고 또 걸었습니다. 그러는 사이 밤이 되었습니다. 하늘에는 별들이 반짝이기 시작했습니다. 나는 너무 목이 말랐기 때문인지 열이 좀 나서 하늘의 별들이 꿈결처럼 몽롱하게 느껴졌습니다. 어린 왕자가 했던 이야기들도 기억 속에 희미하게 가물거렸습니다.

"그래, 너도 목이 마르니?" 나는 어린 왕자에게 물어보았습니다. 그러나 어린 왕자는 내 물음에는 대답하지 않고 이렇게만 말했습니다. "물은 마음을 위해서도 좋을지 몰라……." 나는 어린 왕자의 말을 이해할 수 없었지만, 그냥 잠자코 있었습니다. 어린 왕자에게는 무엇을 물어보았자 아무 소용없다는 것을 잘 알고 있었기 때문입니다. 어린 왕자는 지쳐서 모래 위에 주저앉았습니다. 나도 그 곁에 앉았습니다. 우리는 한참을 그렇게 앉아 있었습니다. 어린 왕자가 먼저 말을 꺼냈습니다. "별들이 저렇게 아름다운 건 우리 눈에는 보이진 않지만, 꽃 한 송이가 거기에 있기 때문이야……." "그래." 내가 대답했습니다. 그리고는 달빛 아래 주름처럼 펼쳐져 있는 모래 언덕을 말없이 바라보았습니다. "사막은 아름다워……." 어린 왕자가 덧붙여 말했습니다. 정말 그랬습니다. 나는 언제나 사막을 좋아했습니다. 모래 언덕 위에 앉아 있으면 아무것도 보이지 않고 아무것도 들리지 않습니다. 하지만, 무엇인가가 그 고요함 속에서 빛을 내고 있습니다. "사막이 아름다운 건 어딘가에 샘을 숨기고 있기 때문이야……." 어린 왕자가 말했습니다.

나는 갑자기 그 고요함 속에서 모래가 신비스럽게 반짝이는 이유를 알게 되어 깜짝 놀랐습니다. 어렸을 때 나는 무척 오래된 집에서 살았습니다. 그런데 그 집의 어딘가에 보물이 숨겨져 있다는 이야기가 전해지고 있었습니다. 물론, 그것을 찾아낸 사람도 없었고, 찾으려 하는 사람도 없었습니다. 하지만, 그 집은 보물 이야기 때문에, 집 전체가 아름다운 마법에 걸려 있는 듯 매력이 있었습니다. 우리 집은 깊숙한 곳에 찬란한 보물을 간직하고 있었으니까요. "그래 맞아, 집이든 별이든 사막이든, 그것을 아름답게 만든 것은 우리 눈에는 보이지 않는 법이지." 내가 어린 왕자에게 말했습니다. "나는 지금 정말 기뻐, 아저씨가 내 친구 여우와 똑같이 생각해 주어서……." 어린 왕자가 대답했습니다.

어린 왕자가 잠이 들었기 때문에 나는 그를 품에 안고 걷기 시작했습니다. 나는 마음이 설레었습니다. 마치 부서지기 쉬운 보물을 안고 가는 듯했습니다. 이 세상에서 이보다 더 연약한 보물이 있을까 싶었습니다. 나는 달빛 때문에 창백하게 보이는 어린 왕자의 이마와 감긴 눈, 그리고 바람에 날리는 탐스러운 머리칼을 보며 이런 생각을 했습니다. '지금 내 눈에 보이는 것은 껍데기뿐이야. 가장 소중한 것은 눈에는 보이지 않으니까…….' 어린 왕자가 입술을 반쯤 벌리고 입가에 희미한 미소를 띠었습니다. 그 모습을 보면 나는 또 이런 생각이 들었습니다. '잠든 어린 왕자의 얼굴이 이다지도 나를 감동시키는 것은, 그가 한 송이 꽃을 언제까지나 잊지 않고 있기 때문이야. 그가 잠자고 있는 동안에도, 장미꽃의 모습이 등불처럼 그의 마음에서 빛나고 있기 때문이야.' 생각이 여기까지 미치자 그는 어린 왕자가 더 연약하게 느껴졌습니다. '등불을 잘 지켜줘야지. 바람이 갑자기 불어오면 꺼져 버릴지도 모르니까…….' 이런 생각을 하며 밤새 걷는 동안 어느덧 새벽이 되었습니다. 그리고 나는 샘을 발견했습니다.

텅 빈 현재를 채워 본래적 자기를 찾아나가는 어린 왕자는 새로운 세계, 곧 지금 여기에서 초월적 세계를 꿈꾸었던 원시 그리스도교 공동체와 닮았습니다. 그들은 아직 있지 않지만, 여전히 그 시공간을 동경하며 미래에 의해 채워지는, 그래서 그것을 미리 맛보며 살아가는 공동체였습니다.(누가 11:20, 17:21; 요한 3:18, 5:24, 17:21 참조)

원시 그리스도교 공동체는 예수가 이미 와 있음을 경험하며 살았습니다. 그들은 예수가 이미 와 있음을 믿고 그렇게 살았던 것입니다. 다시 말해서 시간을 앞당겨 예수의 다시 오심을 지금 여기에서 살았다는 말입니다.

그런 의미에서 예수의 다시 오심은 종말론적 시간을 지금 여기에서 앞당겨 경험함, 먼저 삶일지 모르겠습니다. 누구나 죽지 않고 이 땅에서 예수 알현을 학수고대하지만, 너무 많은 사람이 그 기대 속에 묻혀 갔습니다. 그래서 일까요? 중세의 탁월한 영성가 마이스터 에크하르트M. Eckhart는 "우리는 이승에서 하늘이 되어 하느님이 여기서 고향을 발견하시게 해야 한다"라고 했습니다. 여기가 '하느님의 고향이 되게 하자'는 슬로건은 여기를 거룩한 공간으로 만들자, 우리 가운데 하느님의 나라가 있게 하자는 성공회 신학자 매튜 폭스M. Fox의 표현과도 일맥상통합니다. 많은 신앙의 선배가 이 땅에 하느님의 나라와 공의(정의)를 위해서, 거룩한 삶의 공간이 되도록 몸부림치며 선혈을 흘리기도 하였습니다. 그들은 보이는 것과 보이지 않는 것 중에 보이지 않은 것에 눈을 맞추고 그것을 보이도록 했습니다.

보이지 않음과 보임을 잘 식별하면 이미 와 있음의 시간적 경험을 할 수 있다고 봅니다. 재림의 시간이란 너무 아름답고 소중하기 때문에 보이지 않습니다. 아니 이미 우리 가운데 와 계신 예수를 경험하지 못하는 것입니다. 보이는 것, 보이는 시간, 그래서 보이는 현상으로 불안하기 때문에 보지 못하는 것입니다. 안셀름 그륀A. Grün이 말한 것처럼, "불안은 가속의 태엽입니다. 불안한 자는 멈추지 못합니다. 그는 기다리지도 못하고, 바라보지도 못합니다."

다시 오심의 시간은 어쩌면 '노년의 영성'과 닮았는지 모릅니다. 다시 오심은 몰아붙인다고 되는 것이 아니며 자기 자신을 위해서 사는 시간도 아니기 때문입니다. 다시 오심의 삶이 죽음에서 영원한 생명으로의 전환이라면, 노년의 삶은 죽음을 삶 안으로 들여오는 것입니다.(그륀) 지금 여기에서 영원을 보는 삶으로 말입니다. 현재를 사는 삶, 현재에서 소중하고 아름다움을 발견하는 삶이야말로 절망이 들어설 수 없는 영원한 희망의 다시 오심을 살아갈 수 있는 것입니다.

보는 것만이 전부가 아닙니다. 때로는 보이지 않는 것이 참(emet/amen)일 때가 있습니다. "참된 것은 견고한 것이며, 우리가 신뢰할 만한 것, 그 위에 우리가 건물을 세울 수 있는 것, 흔들릴 수 없는 것, 안전하고 확실하게 존재 안에 서 있는 것입니다."(라디슬라우 보로스 L. Boros) 그러므로 이미 와 있음의 시간적 경험, 영성적 체험이 이 현실과 일상을 하느님의 나라로, 거룩한 공간으로, 다시 오심의 장으로, 영원한 삶의 시간으로 변화시킬 수 있습니다. 노년의 영성을 통하여 시간의 유한성을 깨닫고 이미 와 있는 죽음과 이미 와 있는 재림의 순간은 보이지 않지만, 하느님의 시간, 아들의 시간, 영의 시간을 만나게 됩니다. 그 시간이 하느님의 모습을 드러내는 시간일 것입니다.

칼 라너K. Rahner는 "신앙이 남아 있는 한, 영원히 앞을 향해 나아가는 일도 남아 있으며, 항상 새로 체험할 수 있고 항상 깊이 성취할 수 있는 현재도 남아 있다"라고 말한바 있습니다. 다시 오심의 신앙은 현재도 미래도 여전히 신비로 남아 있는 초월적 힘입니다. 그것을 체험하는 존재는 자기 자신을 내어 주게 되는 것입니다. 지금 여기에서 현실을 도피하지 않고 오히려 사랑, 헌신, 정의, 공의, 다시 오심 등을 남김없이 살아감으로 말입니다.

만일, 어린 왕자가 우리가 살아가는 이 땅에 다시 온다면 이렇게 말했을 것입니다. "예수의 다시 오심은 참(emet/amen)입니다. 또한 세계가 아름답다는 것도 참(emet/amen)입니다. 우리는 이미 이 세계에서 그분의 다시 오심을 보이지 않게 체험하며 살아가지만, 예수의 다시 오심은 아직 남아 있고 끝나지 않았기 때문입니다. 그분은 발견되도록 감춰져 있습니다. 그래서 그것은 다시 오심의 신비라 할 것입니다."

11
다시 오심, 아직 되어가고 있음과 활동하는 영성

이번 신문에는 인도인의 차별에 반대하는 대대적 운동(1894년)을 전개한 직후 인도의 탁월한 정치 운동가로 주목받는 간디Mohandas Karamchand Gandhi(1869-1948) 선생님의 특별대담을 싣기로 결정했습니다. 그러니 그 취재의 몫을 고스란히 떠맡은 저는 서둘러 간디 선생님을 만나러 갈 수밖에 없었습니다. 최근 인도의 정황을 말해주듯 거리 곳곳에는 불가촉천민의 고달픈 삶의 모습이 눈에 띄었습니다. 도시를 지나 자동차로 여남은 시간을 달리자 인적이 드문 곳에 호젓한 집 한 채가 나타났습니다. 문 앞에 들어서자 앞마당에서 소탈하고 수수한 모습의 깡마른 한 노인이 물레를 돌리고 있었습니다. 간간이 안경 너머로 보이는 눈동자엔 생기와 확신, 그러면서도 그윽한 사랑이 묻어 나왔고, 말없이 굳게 다문 입술은 단호해 보였습니다. 저는 단번에 그가 간디 선생님임을 알아 차렸습니다. 인기척을 느끼자 천천히 고개를 돌리며 인자하고 넉넉한 웃음으로 저를 향해 인사를 건넸습니다.

간디   신의 사랑이 당신과 함께! 얼마 전에 연락을 받은 간디올시다. 누추하고 낯선 이곳까지 찾아와 주셔서 고마워요.

기자   안녕하세요, 간디 선생님. 이렇게 인터뷰에 응해주셔서 감사드립니다. 요즈음 건강은 어떠신가요? 민족을 위해서 많은 일을 하시면서도 단식 저항 운동을 전개하신다고 들었습니다.

간디   먼저 저의 건강을 염려해주셔서 감사합니다. 저는 채식과 단식을 통해 나를 다스리고 인도에 대한 영국의 차별에 저항하는 운동을 지속적으로 벌이고 있습니다. 또한 힌두교와 이슬람교 사이의 갈등을 해결하려고 단식을 하고 있고요. 그래도 건강하답니다.

기자   간디 선생님, 역사가 토인비A. Toynbee(1898 - 1975)는 선생님을 일컬어 20세기의 가장 위대한 사람이라고 말했습니다. 어떻게 생각하시는지요.

간디   저는 그저 영국의 식민지 상황에서 인도의 독립을 위해 평생을 바쳤을 뿐입니다. 과분한 평가라고 봅니다.

기자   겸손하시군요. 그렇다면, 선생님께서는 지금까지 영국의 식민지배로 시달리는 인도를 위해서 어떤 일을 하셨습니까?

간디   네, 말씀하신 대로 인도는 지금 영국의 식민지배로 무척 힘든 시기입니다. 특히, 영국은 인도에 동인도 회사라는 것을 차려 놓고 인도의 재산을 강제로 빼앗았고, 과중한 세금을 매겼죠. 게다가 영국이 원하는 작물을 강압적으로 재배하도록 하였습니다.

기자   설상가상으로 영국은 독립운동을 하는 사람들을 대량 살상하는 사태로까지 번지지 않았습니까?

간디   영국은 제1차 세계대전 중에는 인도가 협력만 잘 해준다면 자치권을 주겠다고 약속을 했지요. 그러나 정작 전쟁이 끝난 후에 약속을 지키기는커녕 민족운동을 더욱 탄압하고 법을 엄격하게 해서 독립운동 하는 사람들을 영장 없이 체포했습니다. 그리고는 …….

(간디 선생님은 더는 말을 잊지 못했습니다. 안경 너머로 메마른 눈동자에는 민족의 고통을 서글퍼하는 눈물이 맺힌 것이 보였습니다.)

기자 최근에 영국은 자신들과 인도인을 차별하는 신분정책, 이른바 '소금세법'이라는 것을 만들었다면서요?

간디 영국은 소금에 높은 세금을 부과하는 '소금세법'을 만들어 우리 백성이 더욱 고통스러워하고 있습니다. 그래서 저는 근본적으로 인도가 영국에서 독립하려면 영국과 폭력으로 싸우지 말고, 또한 영국이 정한 법을 따르지도 말아야 한다고 생각했습니다. 저는 그것을 '비폭력, 무저항, 비협조 운동'(사티아그라하 satyāgraha: 진실에의 헌신)이라고 말합니다.

간디 그렇다면 선생님의 그와 같은 힘은 어디서부터 나온다고 보십니까?

간디 저는 인도 사람으로서 자이나교의 영향을 많이 받았습니다. 기본적으로 살생을 금지하는 '아힌사 ahimsā'(살아있는 모든 것의 불살생)라는 정신이 저의 밑바탕에 있습니다. 그러나 예수 그리스도의 사상, 그러니까 비폭력적 저항 운동이 제게 큰 감동을 주었던 것 같습니다.

기자 선생님께서 무엇보다도 독립을 위해서 인도인은 자신이 쓰는 물건을 스스로 만들어야 된다고 말씀하시면서 '소금 행진'을 하셨다고 들었습니다.

간디 네, 그렇습니다. 제 나이가 60이 넘었습니다만, 79명의 제자를 데리고 29일 동안 170여 곳의 마을을 돌아 약 320km나 떨어진 해안가까지 걸어갔지요. 거기서 천연소금 23g을 주워왔습니다. 어디 그뿐인가요? 스스로 필요한 일을 하는 것으로 '빵에 대한 권리를 얻기 위한 생산적인, 손으로 하는 일 운동'을 전개합니다. 저는 제가 먹을 빵과 옷을 위해 물레를 돌리고 있어요. 제 생각은 그렇습니다. 사람은 누구나 자신의 손으로 무엇인가를 생산해야 한다고 말입니다. 왜냐하면, 남에게 도움이 되는 일을 하지 않고, 단지 다른 사람의 노동의 성과만을 누리는 것은 '요금을 내지 않고 무임승차'하는 것과 같은 도둑질로 보기 때문입니다.

기자 마지막으로 선생님께서 저희들에게 해주실 말씀이 있으시면 한 마디 해주시지요.

간디 제가 살면서 얻고자 하는 것, 즉 30년에 걸쳐 내가 애써 온 것은 신을 눈앞에서 보기 위한(신과 대면하기 위한), 구원을 얻기 위한 자기실현입니다. 저는 이 목적을 위해서 생활하고 활동하며 존재합니다. 연설과 저술을 통해서 제가 하는 모든 일, 그리고 정치의 영역에서 저의 온갖 모험은 이 목적을 향해 나아가고 있습니다.

기자 이렇게 시간을 내주시고 좋은 말씀을 해주신 것에 대해 진심으로 감사드립니다.

간디 신의 평화가 당신과 함께!

인터뷰를 마치고 돌아온 후 며칠이 지났을까. 간디 선생님이 광신적 힌두교인에게 암살당했다는 비보悲報를 접했습니다. "제가 살면서 얻고자 하는 것은 신을 눈앞에서 보기 위한 것입니다"라는 말쏨의 의미를 미처 곱씹어 보기도 전에 돌아가시다니요. 참으로 안타까운 소식이었습니다. 간디 선생님 자신의 삶은 오고 계시는 신의 모습을 보기 위한 것이었습니다. 아니 오고 계시는 신의 모습을 보았을 것입니다. 그래서 삶의 목적과 부합하는 정의(공의)로운 삶을 추구했을 것입니다. 그렇다면, 간디 선생님 자신도 종말론적 삶을 살았다고 말해도 굳이 틀린 말은 아니라고 봅니다. "하느님은 미래로부터 현재 안으로 들어오시는 하느님"이라는 이신건 교수의 주장처럼, 그러한 하느님을 보기 위한 몸부림이 정의로운 삶으로, 정의로운 정치 실현을 위한 투신으로 이어진 것은 아닐까요? 간디 선생님은 지금 가까이 오고 계시는 생생한 하느님, 백성을 구원하시려고 오시는 정의의 하느님(1사무 12:6-7)을 경험하였던 것은 아닐까요?

다시 오심(다시 오고 계심)은 나를 위함, 나의 보상을 위함이 아니라 그분의 정의와 평화, 사랑의 실현을 위함입니다. 그래서 다시 오고 계심의 진정한 깨달음은 어쩌면 자기 부정과 자기 욕망의 타파와 밀접하게 연관 있는지도 모르겠습니다. 다시 오심을 통해 하느님 나라의 완전한 백성으로 등극하는 일보다, 하느님 나라에서의 상급보다 더 중요한 것은 왜 그분이 오시는가 하는, 오시는 주체이신 예수님의 뜻에 초점을 맞추는 일입니다. 자칫하면 다시 오심의 자기 절대화, 자기 이익을 위한 예수 사건, 자기 기준의 재림은 본래적 의미가 퇴색되기 때문입니다.

그런 의미에서 에버하르트 윙엘Eberhart Jüngel의 관점은 다시 오심에 대한 우리의 고정 관념을 수정하도록 요구합니다. 즉, 예수 하느님의 다시 오심은 하느님 자신에게서, 하느님 자신을 위해, 자기 자신을 위해 오신다는 겁니다. 또한 그분의 다시 오심은 이 세계와 인간을 새로워지게 하시기 위함임을 명백히 합니다.

웡엘은 이것을 '하느님의 되어감'이라는 다소 난해한 표현을 씁니다만 요지는 이렇습니다. 하느님의 가까이 오심은 멀이 지양되는 것이고, 하느님의 다가오심은 모든 것을 새롭게 하시는 하느님이라는 의미를 품고 있는 듯합니다. 그러므로 하느님 혹은 예수의 다시 오심은 가까이 오고 계심이자 점점 더 그 멀이 지양되는 사건이라 봅니다. 다시 오심은 예수 그리스도의 하느님 나라 운동으로 '이미'의 신앙인식 구조를 지녔으며, 동시에 승천하신 예수는 종말론적 재림을 위해 미래에서 현재로 뚫고 들어오는 분이시기에, 가까이 다가오고 계시는 하느님(하느님 되어감)을 체험하며 궁극적인 종말론적 재림을 고대한다고 생각합니다.

이렇게 다시 오심은 '이미 됨', '아직 되어감', 그리고 '완성됨'(성취됨)이라는 진행의 시간적 구조와 신앙과 삶의 긴장 구조를 지녔습니다. 아직 되어감, 즉 오고 계심의 현존을 의식한다는 것은 삶에서 혹은 삶을 지속적으로 신과 대면하기 위한 의식과 행위를 갖게 됩니다. 그것은 바로 하느님의 나라, 하느님이 오시는 궁극적인 뜻에 코드를 맞추며 사는 것입니다.

따라서 "미래상은 오게 할 것이지 그것을 구상하면 벌써 새 가능성이 아니다"라는 故 안병무 교수님의 지적은 다시 오심이 우상이 되지 않도록, 다시 오심에 안주하지 말라는 확인이기도 합니다. 더 나아가서 지금 여기의 역사 한 가운데서 이미와 아직(되어감)이라는 종말론적 구조에서 살아가는 그리스도인이 그분의 뜻에 따라 책임적 존재, 정의(공의)를 실현하는 존재로 살아가야 할 것을 일러 준 것이라고 생각됩니다. 왜냐하면, 다시 오심이 되어감(하느님의 되어감)이라고 할 때, 그 다시 오심은 하나의 관념이 아니라 그리스도인의 역사적·세계적 행동을 의미하기 때문입니다.

12

논피니토 다시 오심, 논피니토 희망

아주 옛날 작은 호랑 애벌레 한 마리가 오랫동안 아늑한 보금자리가 되어 주었던 알을 깨고 나왔습니다. 알에서 나온 호랑 애벌레는 주린 배를 채우려고 초록잎을 먹고 또 먹었습니다. 몸집이 점점 커지면서 애벌레의 생각도 많아졌습니다. "그저 먹고 자라는 것만이 삶의 전부는 아닐 거야. 이런 삶과는 다른 무언가가 있을 게 분명해." 호랑 애벌레는 그 이상의 것을 찾아 길을 떠났습니다. 그의 여정에서 발견되는 것은 많았지만, 그 모든 것은 관심의 대상이 되지 못했습니다.

그러던 어느 날 우연히 호랑 애벌레와 똑같은 고민을 하는 노랑 애벌레를 만났습니다. 그들은 서로 길동무가 되면서 사랑하는 연인 사이가 되었습니다. 그러나 그 사랑의 달콤함도 잠시, 호랑 애벌레는 자신이 늘 동경하던 삶의 세계를 찾아 떠나고 말았습니다.

노랑 애벌레는 홀로 남아 호랑 애벌레와의 지난 사랑을 그리워하며 숲을 거닐었습니다. 그때 그는 늙은 애벌레 한 마리가 나뭇가지에 거꾸로 매달려 있는 것을 보고 깜짝 놀랐습니다. 그 애벌레는 털투성이 주머니 속에 갇혀 있는 듯했습니다. "곤경에 빠지신 것 같은데, 제가 도와 드릴까요?" 노랑 애벌레가 말했습니다. "아니다. 나비가 되려면 이렇게 해야 한단다." "나비! 바로 그거야." 노랑 애벌레는 두근거리는 마음으로 물었습니다. "저, 나비가 뭐죠?" "나비는 미래의 네 모습일 수도 있단다. 나비는 아름다운 날개로 날아다니면서, 땅과 하늘을 연결시켜 주지. 나비는 꽃에서 꿀만 빨아 마시고, 이 꽃에서 저 꽃으로 사랑의 씨앗을 날라다 준단다." "나비가 없으면, 꽃들도 이 세상에서 곧 사라지게 돼." 노랑 애벌레는 숨을 헐떡이며 말했습니다. "그럴 리가 없어요! 제 눈에 보이는 것은 당신도 나도 솜투성이 벌레인 뿐인데, 그 속에 나비가 한 마리 들어 있다는 걸 어떻게 믿겠어요?"

노랑 애벌레가 생각에 잠긴 얼굴로 물었습니다. "어떻게 하면 나비가 되죠?" "날기를 간절히 원해야 돼. 하나의 애벌레로 사는 것을 기꺼이 포기할 만큼 간절하게." "죽어야 한다는 뜻인가요?" "그렇기도 하고, 아니기도 하지. '겉모습'은 죽은 듯이 보여도, '참모습'은 여전히 살아 있단다. 삶의 모습은 바뀌지만, 목숨이 없어지는 것은 아니야. 나비가 되어 보지도 못하고 죽은 애벌레들과는 다르단다."

노랑 애벌레는 망설이다가 물었습니다. "나비가 되기로 결심하면…… 무엇을 해야 되죠?" "나를 보렴, 나는 지금 고치를 만들고 있단다. 내가 마치 숨어 버린 듯이 보이지만, 고치는 결코 도피처가 아니야. 고치는 변화가 일어나는 동안 잠시 들어가 머무는 집이란다. 고치는 중요한 단계란다. 일단 고치에 들어가면 다시는 애벌레 생활로 돌아갈 수 없으니까. 변화가 일어나는 동안, 고치밖에서는 아무 일도 없는 것처럼 보일지 모르지만, 나비는 이미 만들어지고 있는 것이란다. 다만 시간이 걸릴 뿐이야." "그것만이 아니란다! 일단 나비가 되면, 너는 '진정한 사랑'을 할 수 있어. 새로운 생명을 만드는 사랑을 말이다. 그런 사랑은, 서로 껴안은 게 고작인 애벌레의 사랑보다 훨씬 좋은 것이란다."

'날개를 가진 멋진 존재로 변할 수 있다는 확신도 없는데, 하나뿐인 목숨을 어떻게 위험에 빠뜨릴 수 있단 말인가?' 노랑 애벌레는 걱정이 되었습니다. 늙은 애벌레는 계속 몸을 감았습니다. 늙은 애벌레는 마지막 남은 실로 머리를 감싸며 외쳤습니다. "너는 아름다운 나비가 될 수 있어. 우리는 모두 너를 기다리고 있을 거야!"

한편, 호랑 애벌레는 노랑 애벌레와 헤어진 후에도 여전히 이상을 찾아 헤매고 있었습니다. 하루는 무척 바삐 기어가는 애벌레 떼를 보았습니다. 그도 그들을 따라 꼭대기로, 꼭대기로 기어 올라갔습니다. 그러나 꼭대기에는 아무것도 없었습니다. 호랑 애벌레는 문득 깨달았습니다. 높이 오르려는 본능을 그 동안 얼마나 잘못 생각했는지, '꼭대기'에 오르려면 기어오르는 게 아니라 날아야 하는 것을.

그리스도인은 나비가 되고자 애를 쓰는 애벌레인지도 모르겠습니다. 그러나 이상을 품고 앞을 나아가는 사람들의 현실은 그리 호락호락하지 않습니다. 고통스러운 삶의 현실, 환경의 문제, 불의한 정치적 행태, 세계의 국지적 전쟁과 학살, 인권의 유린, 착취적 가난, 풍요를 가장한 자본의 모순 등은 우리를 좌절하게 만드는 삶의 요인입니다. 다행스럽게도 이와 같은 절망적 상황에서도 인생을 회피하거나 포기하지 않도록 만드는 힘이 있습니다. '삶은 희망'이라는 것입니다. 삶의 희망은 원래 있었던 것이 아니라 태양이 사라진 저녁 무렵에 내일 또 다시 태양이 떠오를 거라는 확신과도 같습니다. 다시 말해서 희망은 절망에서 고개를 드는 것입니다. 애벌레는 나비가 무엇인지 알 길이 없었습니다. 환골탈태라 했던가요? 삶의 고통 혹은 번데기의 죽음을 거쳐야만 나비라는 신비롭고도 새로운 존재가 탄생하는 법이지요.

그런데 그리스도교에서는 이러한 새로운 존재로의 변화가 궁극적으로 그분의 다시 오심으로 완성된다고 보지요. 지금의 다시 오심은 논피니토non-finito(미완성)이지만, 다시 오심의 희망은 논피니토가 될 수가 없습니다. 어떠한 악조건에서도 그 나라는 반드시 오기 때문입니다.(마르 4:26 - 32; 마태 13:31 - 33; 루가 13:18 - 20) 그것이 우리가 인내하며 기다리는 이유가 아닐까요? 그래서 "희망은 '현재의 십자가'를 기꺼이 짊어질 수 있게 한다. 희망은 죽은 것을 껴안을 수 있으며, 기대 밖의 일을 기대할 수 있다"(J. Moltmann)는 말이 실재의 언어로 다가오는 것이지요. 이 다시 오심에 대한 실재성의 인식을 통해 다시 오심의 언어가 신앙으로 받아들여 질 때 비로소 내가 살게 됩니다.

여기에 살림(삶)이 있습니다. 거듭남의 신비는 생명의 살림이요, 거룩함의 신비는 생명(살림)의 거룩함이요, 치유의 신비는 생명살림의 능력이요, 다시 오심은 생명(살림)의 영원성이 내포된 말입니다. 어찌 보면 다시 오심이라는 말은 거듭남, 거룩함, 치유 전체를 아우르는 외연外延이 가장 큰 말일 것입니다. 거기에 궁극적 희망과 새로운 삶이 있기 때문입니다. 새로운 땅과 하늘, 새로운 질서, 새로운 정의, 새로운 생명, 새로운 사랑 말입니다.

그러니 다시 오심은 생명의 날개를 퍼덕이며 날아오르려는 그리스도인의 희망을 품은 살림의 언어입니다. 더 나아가 살림은 다시 숨 쉬게 하는 부활의 희망을 여기에서부터 끌어내는 생명의 언어, 희망의 언어라고 생각합니다. 이런 의미에서 살림은 논피니토가 아닙니다. 아니 살림은 재림을 통해서 피니토finito(완성)가 됩니다.

그렇다면, 이러한 세계를 꿈꾸는 그리스도인의 희망은 기다림으로만 되는 것일까요?『꽃들에게 희망을』이라는 책을 쓴 트리나 폴러스Trina Paulus는 말합니다. "세상이 꽃으로 가득 차려면 수많은 나비가 필요합니다." 역사 가운데 도래하는 다시 오심은 '우주적 해방운동'의 궁극적 성취라고 봅니다. 그 해방운동에 우주적 해방지기가 필요한 것이지요.

이에 귄터 보른캄G. Bornkamm도 "예수님의 메시지는 미래를 염두에 두고 성실하게 때를 보내되 시간을 계산하지 않을 것을 요구한다. 올바른 방법으로 기다리는 자가 바로 전력을 다하여 하느님의 뜻을 성취하도록 부름 받는 것이다"라고 말합니다. 꽃들에게 희망을 주고, 생명을 주는 자가 되려면 우리가 희망을 품은 우주적 해방지기가 되어 생명과 정의를 잉태해야 합니다. 그것이 임을 기다리며 기대하는 삶의 자세라 할 것입니다.

몰트만J. Moltmann에 따르면 희망하는 신앙은 담대한 확신par-resia이 되고, 인내가 됩니다. 그리고 "그리스도교적 희망은 부활의 희망"입니다. 부활, 그것은 새로운 존재로의 확신이며 예수 그리스도의 본질에서, 본질 덕분에par-ousia 가능한 사건입니다. 그것은 많은 인내와 기다림이 요구됩니다. 다시 오심의 희망은 번데기의 죽음을 통한 나비의 힘찬 날개 짓을 바라보는 것입니다. 그러므로 희망은 여기에서 그저 높이 올라가는 데 있는 것이 아니라 지금 여기에서 날아오르는 것을 믿는 데서 시작됩니다.

이것은 이마미치 토모노부今道友信가 말한 것처럼 신의 봄, 대면을 위한 몸부림이라 할 것입니다. "미美란 신과 하나 되기 위한 희생의 피에서 흘러나오는 빛이다." 그래서 다시 오심이 아름다운 것은 다시 오심 그 자체가 아름다워서가 아니라, 다시 오심을 가능케 하는 하느님이 아름답고 선하시기 때문이요(칼로카가티아 kalokagathia), 다시 오심의 주로 오시는 그리스도의 약속이 신실하기 때문입니다.

신에게서 유출된 아름다움을 통해 우리의 다시 오심에 대한 간절한 바람과 그 사무치는 그리움이 기다-림과 바라-봄이라는 아름다운 감정을 낳게 합니다. 그 바람과 그리움은 늘 하느님에 대한 동경일 것입니다. 그 동경의 종국은 하느님을 영원히 맛보는 즐거움 taste 이 아닐까요?

내 마음에 그려 놓은
마음이 고운 그 사람이 있어서
세상은 살맛 나고
나의 삶은 쓸쓸하지 않습니다.

그리움은 누구나 안고 살지만
이룰 수 있는 그리움이 있다면
삶이 고독하지 않습니다.

하루 해 날마다 뜨고 지고
눈물 날것 같은 그리움도 있지만
나를 바라보는 맑은 눈동자 살아 빛나고
날마다 무르익어 가는 사랑이 있어
나의 삶은 의미가 있습니다.

내 마음에 그려 놓은
마음 착한 그 사람이 있어서
세상이 즐겁고
살아가는 재미가 있습니다.

이해인

논 찬

논찬 1

박태식 | 서강대학교 영문학과 졸업, 서강대학교 대학원 종교학과 졸업, 독일 괴팅겐대학에서 신약성서학 박사학위 취득, 현재, 대한성공회 신부, 성공회대학교 신학과 교수

김대식 박사님의 글을 잘 읽어보았습니다. 웨슬리안의 교리는 자체적으로 풍부한 신학적 해석 가능성이 있기에 더욱 주목할 필요가 있습니다. 김대식 박사님의 설명에 따르면 "웨슬리안의 교리는 예수에게서 태어나, 예수와 함께 살며, 예수의 힘을 맛보다가, 예수에게로 돌아감을 말해줍니다. 또 웨슬리안의 교리는 자연에서 눈뜨고[거듭남의 신비], 자연과 더불어 살며, 자연의 신비를 향유하다가, 자연에게로 돌아감을 암시합니다." 바로 자연과 웨슬리안의 교리를 연결하는 대목에서 새로운 해석 가능성이 등장합니다. 즉, 하느님께서 창조한 자연이 바로 그분의 섭리를 알아차릴 중대한 기준이라는 말입니다. 김대식 박사님은 자연과 웨슬리안의 교리를 잇는 연결고리로 우선 영성훈련을 제시합니다. 그리스도교의 역사를 보면 수많은 영성가가 있었습니다. 그들은 영성 수련을 통하여 하느님을 느끼고 그분의 뜻을 찾으려 혼신의 힘을 기울였습니다. 그들에게 중요했던 요소는 바로 자연이었습니다. 하느님을 알기 위한 최적의 방법으로 그들

은 자연을 선택한 것이지요. 웨슬리안의 영성훈련도 그런 위대한 영성가 선배들의 맥을 이어나가는 차원에서 이루어져야 한다는 주장은 상당한 설득력이 있어 보였습니다. 웨슬리안의 교리에 대한 영성적 이해를 통해 이른바 '공존의 논리'가 형성되어야 한다고 김대식 박사님은 주장합니다. 여기서 공존이란 물론 하느님의 창조물인 인간과 자연이 서로 힘을 합쳐 사는 세상을 이끌어내자는 개념입니다. 과연 그런 일이 가능할까요? 이제까지 자연 하면 그저 인간의 필요에 따라 정복하고 적절히 사용하면 그뿐이라고 생각해 왔던 게 사실입니다. 아니 창세기의 "정복하고 번성하라"를 떠올려보면 인간이 자연을 소홀히 대한 역사는 아무리 짧게 잡아도 5천 년쯤은 될 것입니다. 그런 장구한 역사를 가진 자연에 대한 인간의 폭력을 우리 시대에 멈출 수 있을까요? 김대식 박사님은 웨슬리안의 교리 자체에 자연의 훌륭한 가르침을 수용할 논리체계가 숨어 있다고 설명합니다. 김대식 박사님은 거듭남의 신비는 흙에서, 거룩함의 신비는 물에서, 치유의 신비는 공기[바람, 氣]에서 개연성을 찾아낸 후 성서적 근거와 신학적 근거들을 제시합니다. 성서신학과 조직신학적 접근을 동시에 시도한 것인데, 좋은 관찰로 보입니다. 그래서 웨슬리안의 교리와 자연의 구성물들이 지닌 유기적 관계를 규명해 자연과 인간의 '공존의 논리'로 나아가는 겁니다.

김대식 박사님은 환경문제로 박사학위를 받은 분답게 자연 파괴에 대해 구체적이고 알기 쉬운 예를 다양한 각도에서 많이 제시했습니다. 저로서는 이제껏 잘 모르던 분야라 많은 도움을 받았습니다.

이제 이 글에서 한두 군데 아쉬운 점이 있어 지적을 하겠습니다. 우선 논문의 완성도 면에서 아쉬움이 있습니다. 웨슬리안의 교리를 지적하고 그것이 장차 영성신학, 환경신학적으로 해석될 가능성을 지적하면서 글이 너무 장황해졌다는 인상을 받았습니다. 물론, 충분한 예를 들어 논지를 튼튼하게 했다는 장점은 있으나, 그런 과정에도 묘미가 필요합니다. 독자에 대한 배려의 차원에서 글의 길이를 조절할 필요가 있습니다. 다음으로 이 글이 웨슬리안 전통 내에서 어느 정도로 호응을 얻을지 궁금합니다. 교인들이 지금까지 배워온 웨슬리안 교리의 가르침과 일맥상통한다는 느낌을 받을지 의문이라는 말입니다. 특히 보수적 교단일수록 새로운 가르침이나 해석에 대해서는 인색합니다. 웨슬리안의 교리에 대한 좋은 해석이나 혹 보수적 어르신들의 저항에 부딪치지 않을지 걱정입니다. 그런 면에서 비교적 중도적인 해석 가능성을 제시할 필요가 있습니다. 환경신학은 정통 신학 노선과는 다르게 과거와 미래의 조화가 필요하고, 그 중에서도 특히 언제나 미래를 향해 열려 있어야 합니다. 그 점을 김대식 박사님이 충분히 고려하셔야 할 것입니다.

자연은 우리에게 풍성한 기쁨을 가져다줍니다. 그 간단한 사실을 깨닫는 데 인간은 수천 년을 보냈습니다. 그만큼 인간이 어리석은 탓이겠지요. 여기서 예수님에게로 돌아갈 필요가 있습니다. 예수님에게 공중 나는 새와 들에 핀 꽃은 세상 구석구석을 알뜰하게 돌보시는 하느님의 손길을 알기에 더없이 훌륭한 예였습니다. 그리고 하늘에서 떨어지는 햇빛과 빗물은 악인이든 선인이든 가리지 않고 아끼시는 하느님의 무한한 사랑을 깨닫기에 안성맞춤이었습니다. 비가 오기 전이면 으레 하늘에 구름이 잔뜩 끼고, 남풍이 불어왔다 하면 날씨가 무더워지며, 나뭇가지가 연해지고 잎이 돋으면 곧 여름이 다가오기 마련입니다. 바람은 자기가 불고 싶은 대로 불어 대니 사람이 설혹 그 소리를 귀 기울여 듣는다 하더라도, 어디서 불어와 어디로 가는지 도통 알 수가 없습니다. 하느님이 자연을 다루는 솜씨가 모두 그렇다는 것입니다. 예수는 한 알의 밀에서 넉넉한 낱알이 맺히는 경이(驚異)를 보았고, 농사일에서 자연과 인생의 이치를 훑어냈으며, 한 톨의 곡식에서도 하느님의 섭리를 읽어내는 분이었습니다. 예수님은 자연을 바라보며 하느님에 대해 무수히 많은 암시를 얻어냈습니다. 하느님은 자연을 만드신 분이기에, 그분을 제대로 알려면 자연을 잘 들여다보아야 하기 때문입니다. 물론, 하느님을 만나는 범주는 다양하겠지만, 자연은 그 중에서도 아주 분명한 자리를 차지합니다. 예수는 이런 평범한 진리를 누구보다도 잘 깨친 분이었습니다.

김대식 박사님은 전체 글의 결론에서 시애틀 인디언 추장의 글을 인용했습니다. 예수님의 자연 이해와 너무나 잘 통합니다. "북아프리카 인디언은 한낮의 비로 씻기고 소나무 향기 나는 부드러운 바람소리를 더 좋아합니다. 공기는 인디언에게 아주 소중합니다. 짐승과 나무와 인간들이 똑같이 숨 쉬는 것이기 때문입니다. 백인들은 자기들이 들이마시는 공기의 중요성을 깨닫지 못하는 것 같습니다. 그들은 오랫동안 죽을병에 걸려 신음하는 사람들처럼 냄새를 맡지 못합니다." 좋은 글에 다시 한 번 감사드립니다.

논찬 2

이신건 | 서울신학대학교 신학과 교수

바야흐로 미美의 시대가 무르익고 있다. 비록 미인대회는 아직도 진선미眞善美 순으로 서열을 매기지만, 실로 현대인은 점점 더 미에 도취되는 듯 하고, 그래서 미에 가장 큰 가치를 부여하는 듯 보인다. 예부터 우리 조상도 미와 멋을 무척 사랑해왔지만, 요즘만큼 이에 관심을 기울인 시대는 일찍이 없었던 것 같다. 가령, 화장품 수입과 성형수술에서 한국인은 단연 세계 최고를 자랑한다. 한 통계에 따르면 13-43세 여성 10명 중 7명은 "외모가 인생의 성패를 좌우한다"라고 생각하고, 10명 중 8명은 외모 가꾸기를 멋이 아니라 생활의 필수 요소로 생각한다. 35-43세 중년여성은 외모를 부富의 상징 혹은 사회적 지위를 평가하는 중요한 기준으로 생각한다고 한다. 그런 탓인지, 얼마 전의 한 여성신학자(정현경)도 "결국은 아름다움이 우리를 구원할거야."라고 선언하기에 이르렀다. 물론, 내용적으로는 외모의 아름다움이 아니라 여성의 상처를 극복하는 내면의 힘을 강조하려고 했지만 말이다.

이런 시대를 적극적으로 반영하기라도 하듯이, 김대식 박사(이후로는 김 박사)는 활천 마당에서 신학적 미학에 관한 짧은 글을 연재했다. 하지만, 유감스럽게도 평자는 미학에 관해서는 거의 문외한일 뿐 아니라 완전히 무관심한 편이었다. 아마도 진眞과 선善은 교육과 학습을 통해 습득해야 하지만, 미美는 본능적, 직관적으로 터득할 수 있다고 생각해 왔기 때문이리라. 더욱이 신학에서 미학美學의 수용은 매우 더딜 뿐 아니라 희귀하기조차 하다. 그러므로 김 박사의 글을 종종 흥미롭게 읽어보긴 했지만, 이를 평가할 자리에 서게 될 줄은 차마 상상하지 못했다. 그러므로 청탁자의 간곡한 부탁에 떠밀려 학술적 논의보다는 주관적(직관적) 인상을 피력하고자 한다.

김 박사가 10회를 넘기며 연재하는 이 글은 웨슬리안의 교리에 대한 현대적 재해석 혹은 웨슬리안의 교리의 새로운 읽기다. 일단 웨슬리안의 교리에 대한 그의 남다른 애정과 참신한 해석의 시도 자체부터가 가상할 뿐더러 무척 아름답게도 느껴진다. 지금까지 그 어떤 선배도 시도하지 못한 일이기에 평자로서도 먼저 부끄러울 따름이다. 김 박사에게 한 수 배우는 마음으로 그의 글을 읽었지만, 지면과 평자의 능력의 한계 때문에 열 번째 가름 "웨슬리안의 전통과 쇼펜하우어의 해방의 미학"만을 간단히 평가해 보기로 하겠다.

미학은 주로 철학이 주도하였으므로 철학자들의 견해를 참고하는 것은 필수불가결하다. 그래서 김 박사는 여러 철학자와 대화하는 중에 쇼펜하우어A. Schopenhauer라는 철학자까지 주목하게 된 것 같다. 김 박사의 폭넓은 관심과 깊은 혜안에 경의를 표한다. 예술 혹은 미학을 직관의 영역에 둔 쇼펜하우어와의 대화는 일단 이해할 만하다. 왜냐하면, 헤겔G. W. F. Hegel의 말대로 종교도 직관 혹은 표상 Anschauung의 영역에 속하기 때문이다.

하지만, 철학과 신학의 만남은 대등하게 이루어질 수는 없다. 자칫하면 김 박사는 철학적 미학을 수용하는 과정에서 건전한 신학적 미학을 수립하는 것 못지않게 이를 훼손할 위험도 있기 때문이다. 철학적 미학은 인간의 주관적 직관 혹은 몰입을 통해 다가오는 본질의 현상에 주목하지만, 신학적 미학은 이를 통해 혹은 이를 극복하는 가운데서 다가오시는 하느님의 계시적 행동에 일차적 관심을 기울인다.

웨슬리안의 교리에 대한 생태영성적 혹은 창조영성적 이해에 이어서 김 박사가 그에 대한 미학적 이해를 통해 해방의 미학을 발견한 것은 놀랍다. 특히 웨슬리안 전통에서 오랫동안 간과되어온 창조영성과 해방영성을 연이어 새롭게 부각시킨 시도는 긍정적으로 평가할 만하다. 웨슬리안의 교리에 대한 다양한 시각 자체가 이미 미적 기쁨을 안겨줄 뿐만 아니라, 짜임새 있는 체계와 새로운 표현도 매우 아름다워 보인다.

다만 신학적 미학의 분명한 확립이 없는 가운데 성급히 이루어진 철학적 미학과의 대화 때문인지, 아니면 아름다운 언어의 발견이 쉽지 않은 탓인지는 몰라도, 종종 내용이 난해하며 표현도 덜 아름다워 보이기도 한다. 내용적으로는 가령 무無의 관심, 집착과 소유에서의 해방(자유), 인간의 욕망적 삶의 덧없음을 깨닫는 것, 없음의 존재이자 있음의 존재인 하느님 등이라는 표현은 불교(철학)적 느낌까지 강하게 풍긴다.

철학적 미학은 헬라인처럼 조형적, 정적인 것을 추구하지만, 신학적(히브리적) 미학은 역동적, 미래적이다. 그러므로 그리스도인은 괴테의 말(김 박사의 마지막 인용구)처럼 아직은 자신과 세계와 완전히 조화되어 있음을 느끼지 못한다. 더욱이 이 세상이 항상 아름다운 것은 아니다. 그리고 신학적 미학은 여느 미학과는 달리 진과 선과 뗄 수 없는 관계를 맺는다. 진과 선 혹은 진실한 사람과 선한 사람은 아름답다. 그러므로 진과 선 혹은 그런 사람은 구원하거나 구원을 얻는다. 하지만, 진과 선과 분리된 미는 종종 아름답지 못할 뿐더러, 영혼과 세계를 더럽히고 타락케 하기도 한다.

예수는 진리와 선함으로써 구원하지만, 미모로써는 그리하지 않는다. 예수는 오히려 외모의 추함 혹은 그를 향한 투신(이사 53:2)을 통해 구원한다.(그래서 예수는 진정 아름답다!) 그리고 바울로의 공동체에서 관심을 가져야 할 대상도 아름다운 자가 아니라 오히려 아름답지 못한 자다.(그래야만 모두가 아름다워진다! 1고린 12:23) 이를 간과하는 미학은 진정 신학적 미학이 아니다. 김 박사는 앞으로 이 점에 꼭 유의해 주길 바란다.

찾아보기

ㄱ

- 가다머 148, 149
- 가스통 바슐라르 66, 70, 101
- 간디 220, 221, 222, 223, 224
- 감정이입 153, 154
- 거듭남 8, 15, 16, 18, 19, 23, 24, 26, 27, 28, 29, 30, 36, 38, 39, 42, 44, 45, 46, 47, 48, 51, 83, 90, 99, 104, 105, 110, 111, 115, 117, 118, 119, 120, 121, 122, 123, 143, 144, 154, 159, 163, 164, 170, 230, 235, 236
- 게오르크 루카치 118
- 고야 102
- 곽노순 49
- 관계의 정의 82
- 관상 28, 102, 142, 145
- 관조 29, 99, 142, 154
- 괴테 37, 92, 141, 241
- 교리 8, 10, 15, 16, 17, 18, 19, 24, 26, 27, 28, 29, 30, 31, 34, 35, 36, 37, 39, 72, 74, 83, 89, 90, 91, 92, 97, 99, 100, 107, 109, 110, 111, 118, 120, 121, 142, 148, 149, 153, 154, 155, 235, 236, 237, 240, 241
- 구상력 103, 125
- 구원 45, 47, 48, 50, 52, 54, 58, 59, 63, 66, 71, 72, 75, 79, 81, 83, 104, 110, 112, 115, 131, 132, 164, 167, 169, 170, 175, 205, 223, 224, 242
- 김훈 211
- 꽃들에게 희망을 231

ㄴ

- 노년의 영성 217, 218
- 노자 56

- 녹색은총 50
- 논피니토 227, 230, 231
- 뇌둠 188, 192, 193
- 니고데모 159, 160
- 니체 73, 102, 130, 131, 132, 133, 134, 135, 142
- 니콜라이 하르트만 183

ㄷ

- 다시 오심 8, 15, 16, 18, 19, 24, 27, 28, 29, 30, 74, 75, 78, 80, 81, 82, 83, 84, 90, 99, 104, 105, 110, 111, 115, 117, 136, 138, 139, 140, 143, 144, 145, 154, 217, 218, 219, 220, 224, 225, 226, 227, 230, 231, 232
- 단독자 113, 114, 115
- 대기오염 63, 68, 69
- 대지의 윤리 46
- 대화미학 151, 152, 153, 155
- 데카르트 40
- 되살림의 은총 164, 170
- 디아코니아 123
- 디오니소스 130, 131, 132, 133, 134
- 딜타이 96
- 떼이야르 드 샤르댕 84

ㄹ

- 레너드 스윗 210
- 레비나스 47, 186
- 레오나르도 보프 203
- 레이첼 카슨 67
- 렉시오 디비나 22, 102

- 로마노 과르디니 83
- 롱기누스 125
- 루돌프 불트만 34
- 루돌프 오토 125, 127
- 루아흐 63, 65, 69
- 루카스 201, 202, 203
- 리차드 해리스 138

ㅁ

- 마르셀 뒤샹 147
- 마르틴 루터 20
- 마이스터 에크하르트 217
- 만트람 19
- 매튜 폭스 217
- 메타노이아 39, 40, 44
- 모리스 메를로-퐁티 197
- 모리스 블롱델 152
- 모차르트 90
- 몰트만 56, 132, 211, 231
- 몸신학 68, 133
- 무관심성 105
- 미美 126, 232, 241, 242
- 미학 8, 10, 70, 89, 90, 92, 93, 94, 96, 97, 98, 101, 102, 103, 104, 105, 107, 108, 111, 112, 113, 116, 117, 120, 122, 123, 130, 131, 132, 136, 138, 139, 140, 141, 144, 145, 146, 149, 154, 155, 163, 242, 243, 244

ㅂ

- 바움가르텐 89, 103
- 바흐찐 151, 152, 153, 155
- 박선규 115
- 반 델 레에우 108, 109
- 발타자르 92
- 발터 벤야민 136, 137, 140
- 보들레르 80
- 보른캄 205, 231
- 비트겐슈타인 7

ㅅ

- 사랑 7, 12, 23, 24, 29, 36, 39, 41, 45, 50, 51, 52, 56, 60, 66, 83, 92, 99, 103, 104, 113, 115, 120, 127, 128, 132, 133, 163, 175, 176, 177, 178, 179, 180, 181, 182, 183, 186, 187, 189, 191, 192, 193, 198, 199, 201, 202, 204, 218, 220, 224, 227, 228, 229, 231, 233, 239
- 사이몬 찬 24
- 사크라멘툼 174, 205
- 사티아그라하 222
- 사회적 공통감 121
- 상상력 70, 97, 98, 101, 102, 103, 104, 105, 106, 125, 136, 140
- 생성적 진리 17
- 생태적 미학 59
- 생태학적 해석학 32, 35
- 생텍쥐페리 213
- 생활세계 18, 109, 110, 149
- 성결 21, 23, 52, 54, 61, 177
- 성 아우구스티누스 27
- 성체성사 41
- 성 프란치스코 살레시오 28, 30
- 성현 109
- 성화 51, 82, 126, 127
- 세계미世界美 138, 140
- 쇼펜하우어 141, 142, 143, 144, 145, 177, 197, 242
- 숭고미 124, 125, 126, 127, 128
- 신생新生 170
- 신유 70, 71, 131, 132, 133, 211
- 신학적 미학 105
- 신현神顯 110
- 실존 34, 113, 114, 115, 116, 117
- 심광섭 131, 132
- 심미적 인간 111, 113

ㅇ

- 아낙시메네스 64
- 아르케 53, 64
- 아리스토텔레스 64, 91, 93, 114, 118, 119, 174
- 아방가르드 148, 151, 154, 155

- 아서 단토 146
- 아스케제 26, 27, 29, 30
- 아스팔트 48, 207, 208, 209, 212
- 아우라 136, 137, 138, 139, 140
- 아이러니 113, 114, 115, 116, 117
- 아이스테시스 102
- 아힌사 222
- 안셀름 그륀 81, 217
- 알빈 디이머 146, 149
- 앙리 베르그손 112
- 어린왕자 213
- 어윈 에드만 91
- 에드문트 후설 107
- 에디트 슈타인 111
- 에버하르트 윙엘 145, 224
- 엘리아데 109, 110, 111
- 엠페도클레스 64
- 연민 18, 35, 36, 119, 120
- 영성 9, 10, 11, 20, 21, 22, 23, 24, 25, 26, 27, 28, 29, 31, 44, 46, 50, 58, 72, 78, 80, 81, 82, 83, 84, 96, 101, 102, 106, 109, 116, 123, 135, 150, 177, 181, 188, 192, 193, 206, 217, 218, 220, 239
- 예술의 종언 148, 149
- 오드리 헵번 182
- 요한 21, 22, 50
- 울리히 벡 62
- 웃음 49, 112, 114, 115, 116, 159, 160, 163, 164, 185, 220
- 원자력 76, 77
- 위험사회 62
- 유동식 90
- 유머 114, 115, 116, 117
- 유목적 사고 152
- 육화 신학 108
- 의미의 해석학 149
- 이냐시오 로욜라 21, 28
- 이마미치 토모노부 232
- 이미지 80, 98, 103, 111, 112
- 이신건 11, 224, 241
- 이해인 11, 198, 233
- 인간중심주의 36, 40, 75
- 인격 38, 50, 93, 114, 117, 126, 134, 166, 183, 184, 186

ㅈ

- 장석남 178
- 재림 74, 75, 83, 136, 137, 138, 139, 213, 217, 218, 224, 225, 231
- 재현 95, 98, 122
- 적색은총 50
- 조종남 126
- 존 웨슬리 21, 28, 82, 126
- 종교적 인간 111
- 종교현상학 107, 108
- 죄 28, 38, 40, 45, 51, 54, 60, 65, 71, 72, 81, 92, 104, 113, 114, 116, 118, 119, 127, 131, 132, 185, 191, 193
- 죽음 21, 28, 32, 52, 53, 60, 78, 80, 81, 83, 92, 130, 133, 134, 174, 191, 195, 200, 202, 203, 204, 205, 218, 230, 232
- 중생 38, 39, 42, 118, 120
- 지옥 32, 80, 81

ㅊ

- 창조 25, 39, 41, 47, 53, 63, 69, 90, 96, 101, 102, 103, 105, 110, 111, 115, 116, 138, 195, 237, 238
- 천상병 50
- 청빈 42, 45
- 추醜 92, 131, 135
- 추마시 58
- 치유 8, 15, 16, 18, 19, 24, 27, 28, 29, 30, 36, 63, 65, 66, 67, 69, 70, 71, 72, 73, 82, 83, 90, 99, 104, 105, 110, 111, 115, 117, 130, 131, 132, 133, 134, 135, 143, 144, 145, 154, 194, 195, 196, 199, 200, 203, 205, 206, 210, 230, 238
- 침묵의 시간 22, 23

ㅋ

- 카도쉬 54
- 카타르시스 118, 119, 120, 122, 123
- 칸딘스키 59
- 칸트 59, 105, 115, 124, 125, 126, 127,

128, 141, 155, 163
· 칼 라너 71, 218
· 칼로카가티아 kalokagathia 232
· 칼 바르트 90, 99
· 칼 야스퍼스 7, 20
· 키에르케고르 102, 112, 113, 114, 115, 116, 117

149, 150
· 핵 nuclear 76, 79
· 헤르만 헤세 56, 178
· 환대 186, 187
· 회개 38, 39, 44, 45, 46, 65, 72, 114, 116, 132, 167
· 흙 38, 42, 43, 44, 64, 162, 207, 208, 209, 238
· 희년 193
· 희망 24, 29, 30, 39, 46, 70, 71, 74, 75, 76, 79, 80, 81, 82, 83, 84, 116, 198, 218, 227, 230, 231, 232

▼
ㅌ

· 탈레스 53
· 탈무드 167
· 태양의 노래 190
· 테드 코헨 163
· 테슈바 167
· 토마스 아퀴나스 70
· 토머스 머튼 192
· 트리나 폴러스 231

▼
ㅍ

· 파스칼 101
· 판단력 비판 59, 124
· 포스트모더니즘 32, 33
· 폴 틸리히 66
· 프네우마 63, 69
· 프란치스코 21, 22, 28, 53, 190, 192
· 플라톤 64, 130
· 플로티노스 103
· 피니토 231
· 피터 버거 152

▼
ㅎ

· 하느님의 닮어감 225
· 하느님의 모상 50, 60, 69, 90
· 하마르디아 81
· 하이네 102
· 하이데거 20
· 한나 아렌트 20
· 해석학 32, 33, 35, 36, 37, 92, 107, 109,